U0617779

权威·前沿·原创

皮书系列为
"十二五""十三五""十四五"时期国家重点出版物出版专项规划项目

BLUE BOOK

智 库 成 果 出 版 与 传 播 平 台

驾培行业蓝皮书
BLUE BOOK OF CHINA'S DRIVER
TRAINING INDUSTRY

中国驾培行业发展报告
（2025）

ANNUAL REPORT ON CHINA'S DRIVER TRAINING INDUSTRY
(2025)

组织编写／中国交通运输协会
编写单位／中国交通运输协会驾驶培训分会
参编单位／木仓科技智慧驾培和道路交通安全研究院

社 会 科 学 文 献 出 版 社
SOCIAL SCIENCES ACADEMIC PRESS（CHINA）

图书在版编目（CIP）数据

中国驾培行业发展报告 . 2025 / 中国交通运输协会
组织编写 . --北京：社会科学文献出版社，2025.5.
（驾培行业蓝皮书）. --ISBN 978-7-5228-5377-2

Ⅰ. U471.3

中国国家版本馆 CIP 数据核字第 2025J2S729 号

驾培行业蓝皮书

中国驾培行业发展报告（2025）

组织编写 / 中国交通运输协会
编写单位 / 中国交通运输协会驾驶培训分会
参编单位 / 木仓科技智慧驾培和道路交通安全研究院

出 版 人 / 冀祥德
责任编辑 / 田　康　陈凤玲　李真巧　宋淑洁
责任印制 / 岳　阳

出　　版 / 社会科学文献出版社·经济与管理分社（010）59367226
　　　　　　地址：北京市北三环中路甲 29 号院华龙大厦　邮编：100029
　　　　　　网址：www. ssap. com. cn
发　　行 / 社会科学文献出版社（010）59367028
印　　装 / 天津千鹤文化传播有限公司

规　　格 / 开 本：787mm×1092mm　1/16
　　　　　　印 张：15.25　字 数：227 千字
版　　次 / 2025 年 5 月第 1 版　2025 年 5 月第 1 次印刷
书　　号 / ISBN 978-7-5228-5377-2
定　　价 / 168.00 元

读者服务电话：4008918866
▲▲ 版权所有 翻印必究

《中国驾培行业发展报告（2025）》
编撰单位

组织单位 中国交通运输协会

编写单位 中国交通运输协会驾驶培训分会

主要参编单位 木仓科技智慧驾培和道路交通安全研究院

其他参编单位 交通运输部科学研究院

中国交通通信信息中心

北京市交通委员会驾驶员培训管理处

吉林省运输管理局从业资格培训管理处

山东省济南市交通运输事业发展中心

四川省成都市交通运输综合行政执法总队道路
运输支队

内蒙古自治区鄂尔多斯市交通运输服务中心

山东省日照市道路运输服务中心

河南省机动车驾驶员培训行业协会

贵州省道路运输协会驾驶培训分会

北京市机动车驾驶人培训行业协会

江西省南昌市机动车驾驶员培训行业协会

北京海淀驾校

重庆青衫行机动车驾驶培训集团有限公司
辽宁省本溪市华航驾校
江西省南昌市白云驾校
广东驾来也科技有限公司

《中国驾培行业发展报告（2025）》
编写委员会

主　任　胡亚东　中国交通运输协会会长，铁道部党组原成员、铁道部原副部长

副主任　李　刚　中国交通运输协会副会长兼秘书长，交通运输部政策研究室原主任，交通运输部原道路运输司司长

　　　　　李　华　中国交通运输协会副会长兼驾驶培训分会会长，交通运输部公路局原局长

　　　　　许宝利　交通运输部运输服务司原二级巡视员

　　　　　张　伟　北京市交通委员会驾驶员培训管理处处长

　　　　　宋艳斌　山西省运输事业发展中心驾驶员培训和从业资格部部长

　　　　　高　雯　吉林省运输管理局从业资格培训管理科科长

　　　　　张泽民　山东省济南市交通运输事业发展中心教育培训部部长

　　　　　袁建忠　山东省日照市道路运输服务中心副主任

　　　　　赵维祖　中国交通通信信息中心国交信息（北京）股份有限公司总经理

姜英豪　武汉木仓科技股份有限公司董事长

张燕晨　中国交通运输协会驾驶培训分会常务副会
长，北京海淀驾校校长

宋宏伟　中国交通运输协会驾驶培训分会副会长，贵
州省道路运输协会驾驶培训分会会长，贵阳
市机动车驾驶培训行业协会会长，贵州吉源
驾校校长

李　茜　中国交通运输协会驾驶培训分会副会长，河
南省机动车驾驶员培训行业协会会长，驰诚
（河南）驾培集团股份有限公司总经理

编写组

主　编　刘治国　朱　星

副主编　熊燕舞　冯晓乐　梁江华

成　员　赵维祖　高　雯　刘　斌　叶楠楠　王晓荣
　　　　　贾东海　王　欢　周永川　刘　畅　孟兴凯
　　　　　王　力　王亚杰　袁建忠　高萌萌　赵吉峰
　　　　　陈露露　李治宏　董　强　李鹏辉　李冬华
　　　　　杨　柳　曹小娟　张　涵　郭家豪　田汝鹏
　　　　　陈　燕　王小萌　张　力　李　佳　刘　涛
　　　　　李　丹　王明珠

主要编撰者简介

刘治国　中国交通运输协会驾驶培训分会秘书长，中国人民大学高级工商管理硕士。长期从事驾培相关领域研究，发表文章百余篇，在各地运管部门、驾培机构、道路运输协会及行业论坛举办专场讲座多次，出版《驾校教练员教学与服务指南》（主编）、《品牌"智"胜——新时期驾校如何立于不败之地》（专著）。

朱　星　哈尔滨工业大学计算机科学与技术专业硕士，拥有 17 年科技企业技术研发与管理经验。现任木仓科技联合创始人兼首席技术官（CTO），全面负责企业技术战略实施与创新体系建设，从业至今累计主导的核心研发项目及拥有的授权知识产权逾百项。

熊燕舞　中国交通运输协会驾驶培训分会副秘书长，交通运输部科学研究院交通发展研究中心智库副主任，国务院安委会综合检查组专家成员。黑龙江省、山东省、辽宁省、吉林省、河北省道路运输协会专家库成员，交通运输部核心期刊《交通运输研究》优秀审稿专家。发表交通运输领域文章 1100 余篇，参与撰写《中国交通信息化发展报告》（共 2 册）、《中国共享出行发展报告》（共 2 册）、《驾校教练员教学与服务指南》。

冯晓乐　中国交通运输协会驾驶培训分会专家组组长，研究驾校运营管理多年，擅长驾校规范化管理、教练员管理和教学管理。出版《驾校教练员教学与服务指南》（主编）、《争做中国好教练——驾校教练员的自我修养》（专著）。

梁江华　毕业于哈尔滨工业大学，获计算机技术专业学士学位，拥有18年管理经验。现任木仓科技高级副总裁，驾考宝典驾校事业部总经理、驾校业务工作和日常管理核心负责人。

前　言

党的二十大报告提出"以新安全格局保障新发展格局",将统筹安全与发展提升至新的高度。作为保障道路交通安全的第一道防线,驾培行业的良性发展是道路交通安全的有力支撑,也是人民美好生活的坚实保障,关乎交通强国和平安中国的建设。

驾培行业作为现代汽车社会的辅助与见证,紧跟改革开放40多年的发展而不断向前发展。而今,随着我国人口年龄结构的变化,驾培市场的总需求萎缩,驾培市场已经进入下行通道,正处于从成长期迈入成熟期的转型阵痛时间节点。

当行业增长不再,市场高度竞争,供给严重过剩时,驾校该如何生存和发展?这是当下两万多家驾培机构乃至行业管理部门必须正视的问题。是继续坚守,还是伺机退出?选择退出的驾校,或许各有各的出路和活法。面对成熟期的驾培行业,坚守的驾校和相关单位又有什么新的生存法则?

成熟期驾培行业的主要特征表现为:在未来很长的一段时间内,政策法规将变得更加系统,更加稳定,更加连续;市场需求的表达会更加真实,更加理性,更加差异化。在行业萌芽期、成长期取得成功的企业,不过是时代的宠儿,只因踏准了时代的节拍。

回望过去20年的行业变迁历程,很多驾培机构在成长过程中,相继遵循人脉关系制胜、地理位置制胜、自有考场制胜、特色品牌制胜、全员营销制胜、教学服务制胜,以及持续多年的价格竞争制胜等生存法则。

在这些生存法则下,驾培机构有几个共性:一是追求短期快速的市场份

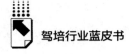

额抢夺，基于同行和区域对手的面对面竞争需要；二是追求在市场竞争中通过价格战取得"立竿见影"的效果；三是大多单打独斗，信奉"一招鲜，吃遍天"的商业逻辑。

如今，面对步入成熟期的驾培行业，大部分驾校遇到的难题是相同的：首先，各个区域市场的需求基本由增长变为下降；其次，学员群体年轻化，随之需求由简单拿证变为多元，尤其是退费投诉现象越来越多；最后，市场竞争手段由单一变立体，教学、服务、营销、管理都要拼，竞争的广度、深度和速度前所未有。中国驾培行业正面临学员需求和消费行为变化周期及宏观经济调整周期、行业转型周期叠加所带来的多重挑战，其本质是过往旧发展模式与当下新发展要求之间存在很大的矛盾。

当前，驾校面临的经营风险和挑战越来越大，需要齐心协力"反内卷""促转型"，从"散、乱、弱"转向"精、强、优"，这对驾校的投资人和经营管理者提出了更高的要求。基于对行业的生态分析和趋势研判，我们认为，当前驾培行业须由追求"招生数量效益"向注重"经营质量效益"转变，向知识密集型、技术密集型和绿色低碳的现代化产业转型，体现长期主义、生态优化与创新发展，以此重构行业高质量发展的底层逻辑。

（1）练好基本功，深耕基本盘。近几年，随着经济环境、宏观政策、需求结构等多层面的变化，驾培行业转型已经逐步明朗，坚持长期主义是唯一的选择。那些投机的短期行为，由于行业平稳发展会趋于减少，从而必须转而扎实练好基本功，切实做好教学和服务，赢得学员的信任和忠诚。不论是线下还是线上，都必须遵循分层化深耕市场的原则，一定要跳出同质化教学和服务带来的价格内卷困境，实现市场份额和经营利润的平衡。

由此，聚焦"学员"这个中心，坚守"安全第一、生命至上，让每位学员平安出行，为社会培养安全文明高素质驾驶人"的正确价值观，坚持通过"更好的教学和更好的服务"，以永不满足和追求极致的心态，寻找更好的发展和增长模式。这时，驾培机构的战略定力和经营能力提升最为关键。

在驾培市场总需求不断萎缩的情况之下，市场份额之间的争夺和分配就尤为关键，这也是行业严重内卷的来由之一。驾校要想继续生存和发展，就必须抱有长期打算，深耕自己的基本盘。"逆水行舟，不进则退"，驾校的经营管理者如果只想吃老本，只想守住，不思进取，不去创新，就很可能连原有的市场份额也被竞争对手蚕食掉。

因此，驾校的经营管理者必须有清晰的发展战略和竞争策略，带领全员深耕基本盘，通过应用智能驾驶模拟器、机器人教练和新能源教练车进一步降低成本、提质增效；通过新媒体营销提高品牌声量，获得市场影响力和年轻学员的关注。与此同时，优化教学服务流程，至少先服务好、锁定好周边半径 5 公里左右的目标市场学员。今天的种子，决定了三年后的果实。

（2）寻找新机会，开辟新赛道。 如今，驾培行业已经进入成熟期，行业的政策法规基本稳定、行业的市场格局基本清楚、行业的市场需求基本成形。此时，区域市场中部分尾部驾校被动或主动退出市场，给了头部驾校收购、整合的机会，"快鱼吃慢鱼、活鱼吃休克鱼"渐成风潮。

越来越多的品牌驾校，通过多年的努力，成为当地的头部驾校，获得了学员、行业管理部门和同行的认可，从而可以借此牵头成立区域驾培集团，加速区域市场集约化的进程，减少行业的内卷和恶性竞争。对此，地方行业管理部门和行业协会也应该"扶上马、送一程"。

上述是驾培行业的"向内求，优化生态圈"，对行业内部生态资源进行整合，达到效用最大化。除此以外，驾培行业还可以"向外求，扩大生态圈"。例如，我国低空经济风头正劲、蓬勃发展，而低空经济中无人机飞手的培训在驾校落地生根，是最好的场景结合。驾校开展无人机的驾驶培训业务，具有得天独厚的优势，可以充分利用现有的教学场地、服务人员、营销渠道等资源，搭上低空经济的"头班车"。未来，在开展机动车驾驶培训和无人机驾驶培训招生时，可以面向企事业单位、大学生同步营销，通过无人机飞手执照合并小车驾照、摩托车驾照等即"一学多证"，升高一个生态维度，从而获得新的发展机会。

（3）学习新知识，长出新能力。 目前，驾培行业正处于进入新发展阶段的初期，很多驾培机构还不能适应存量市场。驾培行业的时代背景已经发

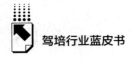

生了很大的变化，光靠以往的经验无法适应新的形势，必须建立起新的发展模式和思维，找准自己在行业坐标中的位置，如此才能在成熟市场上纵横捭阖。

如果驾校想要"更健康、更持久地"活下去、活出彩，经营管理者必须带领全员打破惯性思维，守正创新，拥抱新时代、新科技，不换思想就换人，淘汰既没能力又不爱学习的人；组织大家学习现代科学管理和相关知识，进行"驾培+互联网""驾培+人工智能""驾培+防御性驾驶培训""驾培+节能驾驶培训""驾培+智能驾驶培训""驾培+社交营销""驾培+低空经济"；进一步提升经营管理和教学服务水平，借助新科技、新媒体的力量，让驾校获得新的生存和发展能力。

我们很高兴地看到，驾培行业在新政策、新科技、新理念的影响下积极探索转型发展路径，许多驾校纷纷增强服务意识，创新培训模式，焕新企业品牌，应用新质生产力赋能驾培行业转型升级、创新发展。

在交通运输部运输服务司领导的关心与支持下，中国交通运输协会组织编写的《中国驾培行业发展报告（2025）》与读者如期见面。这是连续出版的第九部驾培行业蓝皮书。自2017年第一部驾培行业蓝皮书面世以来，编委会不断总结经验，广泛调研，虚心听取有关专家、行业管理部门、行业协会和驾培机构的意见和建议，紧贴行业热点问题，忠实记录行业发展情况。该蓝皮书已经成为我国驾培行业从业人员和各级行业管理部门主管领导开展工作的重要参考书籍。

2025版驾培行业蓝皮书，旨在为行业管理部门的决策提供参考，为驾培机构的经营发展提供指引，为相关机构和学者的研究提供参考资料；侧重记录了2024年我国驾培行业整体发展情况和重要事件，梳理了政策法规导向，同时聚焦驾培市场需求侧、供给侧的突出问题，提出了有价值的解决建议与行动方案，并通过多元化视角对驾培行业的未来发展做了初步分析与研判。

为了不断提高报告的质量，本书编写组在深入地方开展调查的基础上，先后多次就大纲目录、每篇研究报告牵头人选、每篇研究报告的重点，反复沟通论证，并在行业内进行大范围的网络调查，力争报告准确、翔实、生动。近 50 位不同地区的专家学者和行业资深研究人员为本书的编写开展了深度的调查、研究和分析工作，付出了大量的心血和汗水。借此机会，向参与该书调查、研究、撰稿、编审的全体同志致以深深的谢意。

最后，衷心希望我国驾培行业的同仁继续关心该书的编辑出版工作，从书中汲取宝贵的经验与智慧，发扬驾培人吃苦耐劳、勇往直前和顽强拼搏的精神，坚定地向着未来奋进，携手共创美好明天，为推动驾培行业高质量发展、助力交通强国建设、传播交通安全文明做出更大的贡献！

编写委员会

2025 年 5 月 9 日

摘　要

当前，我国驾培行业已经进入市场下行和洗牌期，供给严重过剩、平均利润低下，驾校面临的经营风险和挑战越来越大，市场进入的门槛已经不高，但驾校生存的门槛越来越高。

在驾培行业的时代背景已经发生了很大变化的背景下，仅靠以往的经验无法适应新的形势。在经济周期的波动中，市场低迷是不可避免的现象。对于驾培机构而言，如何有效地应对和度过这一困顿时期，不仅关系短期的生存，还影响长期的发展。

如今，驾培行业已经进入成熟阶段，行业的政策法规基本稳定、行业的市场格局基本清楚、行业的市场需求基本成形，靠政策红利和市场红利拉动行业发展几无可能，只能依靠行业自身的创新求发展。一方面，管理部门需要根据行业生态的变化完善政策，建立健全第三方资金管理机制，有力托举行业；另一方面，驾培机构需要根据市场需求的变化完善经营管理手段，整合各项资源，内外兼修，继续转型升级。

《中国驾培行业发展报告（2025）》按照基于数据、基于调研、基于案例、基于事实的原则，从行业管理、市场发展、驾校经营三个维度探讨记录行业最新的进展，以"市场焕新与转型升级"为主题，阐述行业的发展现状与市场演变趋势；介绍行业管理的创新举措；研究驾培机构如何焕新品牌，融入低空经济，建设年轻化队伍，拓展大学生市场、转型线上营销、重构盈利模式。

关键词： 驾培行业　驾培市场　低空经济　创新发展

目 录 ◪

I 总报告

II 行业管理篇

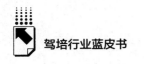
Ⅲ　市场发展篇

Ⅳ　运营管理篇

皮书数据库阅读使用指南

总 报 告 ⊏⊃

B.1
2024～2025年驾培行业发展状况

摘 要： 2024年，中国驾培行业的招生培训总量和新领证人数仍保持下降趋势。但随着驾培市场进入下行通道，供给过剩态势越发严峻。量价齐跌的主基调、超八成驾校不盈利以及持续"去产能"压力较大表明，行业洗牌如火如荼。因此，驾校投资趋谨慎，注重降本增效，其中部分优秀驾校转向网络营销，以提高品牌声量；同时，第三方资金监管继续扩围护航。为了促进驾培行业高质量发展，国家有关部门继续调整机动车驾驶培训与驾驶人考试相关政策，地方层面继续调整政策法规并不断创新做法，以便更加符合行业实际。在此进程中，智慧驾培试点在多地得到推广；行业协会也纷纷积极作为，以促进行业自律。展望未来，在市场倒逼和政策引导下，驾培行业必须主动转型升级，在"驾培+互联网""驾培+人工智能""驾培+新能源车""驾培+低空经济"等方面探索创新发展之路。

关键词： 驾培行业 高质量发展 智慧驾培

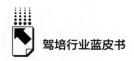

中国机动车驾驶培训行业经过 40 余年的发展，已形成规模庞大、结构多元的市场体系。面对全球及国内经济环境的周期性调整，驾培行业展现出强劲的市场活力和刚需韧性。截至 2024 年底，全国机动车保有量突破 4.5 亿辆，为驾驶培训市场提供了庞大的潜在客户群体。我国驾驶培训市场规模有望达到 1000 亿元，这主要得益于我国经济的持续发展和居民生活水平的提高，尤其是 18~35 岁的年轻人群已成为驾驶培训市场的主力生源。

为了摸清市场发展现状，分析行业发展态势，2025 年元旦后，中国交通运输协会驾驶培训分会在全国各地运输管理部门、地方行业协会、会员单位和广大驾培机构的支持下，面向全国开展了"2025 年全国驾培市场运行基本情况网络调查"（以下简称"2025 年网络调查"），获得了第一手资料。

本文根据调查结果和相关部委、行业协会公布的数据，结合行业年度重大事件，以及部分地方管理部门发布的政策消息，系统地梳理与总结过去一年来驾培行业发展的主要成就、经验和问题，包括国家层面和地方层面的法规政策调整、典型创新做法，供行业管理部门、驾培机构和社会投资者决策参考。

一　2024 年机动车与驾驶人数量增长情况

（一）全国机动车与驾驶人数量增长情况

1. 机动车新注册登记量

2024 年，全国新注册登记机动车 3583 万辆，比 2023 年增加 104 万辆，增长 2.98%。其中，新注册登记汽车 2690 万辆，比 2023 年增加 234 万辆，增长 9.53%。自 2015 年以来，机动车新注册登记量已连续 10 年超过 3000 万辆。[①]

---

① 本小节数据若无特殊说明，均来自公安部交通管理局。

2. 发达城市汽车保有量

2024 年底，全国有 96 个城市的汽车保有量超过 100 万辆，与 2023 年底相比增加 2 个城市，其中 45 个城市超 200 万辆，26 个城市超 300 万辆，成都、北京、重庆、苏州、上海、郑州 6 个城市超过 500 万辆。

3. 新能源汽车增长量

截至 2024 年底，全国新能源汽车保有量达 3140 万辆，占汽车总量的 8.90%；其中纯电动汽车保有量为 2209 万辆，占新能源汽车保有量的 70.34%。2024 年，新注册登记新能源汽车 1125 万辆，占新注册登记汽车数量的 41.83%，与 2023 年相比增加 382 万辆，增长 51.49%；从 2019 年的 120 万辆到 2024 年的 1125 万辆，呈高速增长态势。

4. 新领证驾驶人数量

截至 2024 年底，全国机动车驾驶人数量达 5.42 亿人，其中汽车驾驶人 5.06 亿人，占驾驶人总数的 93.46%。2024 年，全国新领证驾驶人 2226 万人，与 2023 年的 2429 万人相比，减少 203 万人。

国人持有汽车驾照的饱和率持续上升，2024 年底已经达到 36.14%。2000 万以上较高位的新领证驾驶人数量，说明我国汽车社会纵深发展，车市成为我国最大的消费市场。随着人口年龄结构的变化，驾培市场的年度总需求将逐步下滑。

（二）省域机动车与驾驶人数量增长情况——以宁夏为例

根据宁夏公安厅交通管理局车管科最新发布的统计数据，截至 2024 年 12 月全区汽车保有量达 222.26 万辆，占全区机动车总量的 91.39%，与 2023 年同期相比增加 11.63 万辆，增长 5.52%。从新注册登记情况来看，2024 年新注册登记的汽车达 16.44 万辆，与 2023 年相比增加 1.40 万辆，增长 9.29%，汽车新注册登记量为近 5 年最高。

摩托车保有量达 15.20 万辆，占全区机动车总量的 6.25%，与 2023 年同期相比增加 1.27 万辆，增长 9.11%。从新注册登记情况来看，2024 年新注册登记的摩托车达 1.84 万辆，与 2023 年相比增加 0.11 万辆，增长 6.20%。

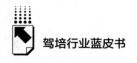

新能源汽车保有量达 11.27 万辆，占汽车总量的 5.07%，与 2023 年同期相比增加 5.91 万辆，增长 110.25%，其中纯电动汽车保有量 4.48 万辆，占新能源汽车总量的 39.77%。从新注册登记情况来看，2024 年新注册登记新能源汽车 5.63 万辆，占新注册登记汽车总量的 34.28%，与 2023 年同期相比增加 2.79 万辆，增长 97.82%。近五年，新注册登记新能源汽车数量从 2020 年的 0.13 万辆到 2024 年的 5.63 万辆，呈高速增长态势。

机动车驾驶人数量达到 289.48 万人，与 2023 年同期相比增加 14.09 万人，增长 5.12%。其中，汽车驾驶人达 283.60 万人，占机动车驾驶人总量的 97.97%，与 2023 年同期相比增加 14.51 万人，增长 5.39%。从统计情况来看，随着汽车保有量的快速增长，汽车驾驶人数量呈同步增长趋势，近五年平均增量达 14.1 万人。

（三）市域机动车与驾驶人数量增长情况——以徐州为例

据江苏省徐州市公安局交警支队统计，截至 2024 年 12 月，徐州市机动车保有量达 236.81 万辆，其中汽车 214.83 万辆；机动车驾驶人数量为 327.36 万人。2024 年，全市新注册登记机动车 21.28 万辆，新领证驾驶人 13.75 万人。

截至 2024 年 12 月，全市汽车保有量为 214.83 万辆，占机动车总量的 90.72%，同比增加 10.4 万辆、增幅 5.14%。从新注册登记情况来看，2024 年汽车新注册登记 18.95 万辆，比上年增加 3.6 万辆、增幅 23.48%，为近 5 年最高。

全市新能源汽车保有量为 20.73 万辆，占汽车总量的 9.65%，其中纯电动汽车保有量为 16.12 万辆，占新能源汽车总量的 77.75%。从新注册登记情况来看，2024 年新能源汽车新注册登记 8.71 万辆，同比增长 87.06%。近五年，新注册登记新能源汽车数量从 2020 年的 0.64 万辆到 2024 年的 8.71 万辆，呈高速增长态势。

全市机动车驾驶人数量达 327.36 万人，从新申领驾驶证人员情况来看，2024 年全市新领证驾驶人 13.75 万人，占全市机动车驾驶人总数的 4.2%。

二　2024年驾培市场发展现状调查与分析

（一）全国驾培机构基本情况

根据交通运输部中国交通通信信息中心驾驶培训工作组对驾驶培训数据交换与服务平台（以下简称"驾培平台"）的数据分析，截至2025年2月28日，驾培平台共收到31个省区市以及新疆生产建设兵团传输的驾驶员培训行业数据，累计收到22104家驾培机构信息。①

驾培机构总量较多的省份依次为河南省、山东省、湖北省（见图1），驾培机构数分别为2267家（一类驾校67家、二类驾校281家、三类驾校1919家）、1576家（一类驾校241家、二类驾校386家、三类驾校949家）、1243家（一类驾校116家、二类驾校310家、三类驾校817家），占比分别为10.26%、7.13%、5.62%。

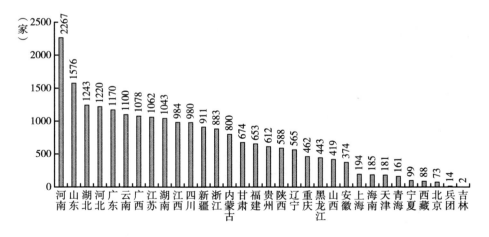

图1　全国各地驾培机构数量统计

---

① 由于吉林等地数据没有全部上传，数据还不是非常完备。

截至 2025 年 2 月，驾培平台共收到 105.91 万名教练员信息，其中开展计时培训业务的教练员有 17.73 万人，占比为 16.74%。教练员总量较多的省份依次为广东省、河南省、山东省（见图 2）。

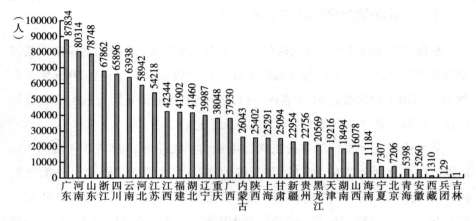

图 2　全国各地教练员数量统计

教练员年龄主要在 46~52 岁年龄段，其次是 36~42 岁，再者是 52~58 岁，占比分别为 21.34%、19.98%、17.16%（见图 3）。

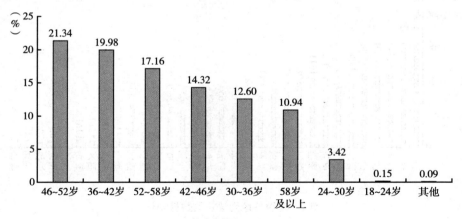

图 3　全国教练员年龄情况分布

教练员主要的准驾车型为 C1，其次是 C2，再次是 B2，占比分别为 67.45%、27.26%、2.40%。

（二）全国驾校整体经营状况

1. 驾培市场的主基调依然是量价齐跌

对于 2025 年网络调查第 1 题"针对 2024 年您所在地区驾培市场的变化，您认为以下哪几个字最能代表您的整体感受?"，32.28%的受访者选择"量价齐跌"，而 29.64%的受访者选择"非常内卷"（见图 4）。这表明受访者对驾培市场的变化普遍感到不乐观，认为市场竞争激烈且价格下滑。如果加上"难上加难"的负面感受，可见 2024 年驾校生存的压力之大。

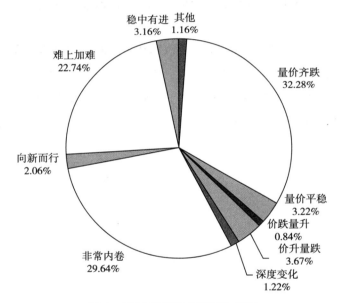

图 4　2024 年驾培市场整体感受

对于 2025 年网络调查第 2 题"2024 年贵驾校小型汽车学费（含考试费）平均在以下哪个区间?"，在所有受访者中，44.27%的人选择了 2001~3000 元区间（如图 5 所示），显示出这一区间是比较普遍的选择，这个价格也基本上是驾校培训一个学员必需的基本成本。相对而言，还有 13.08%的驾校收费区间为 1000~2000 元，它们基本上是亏本赚吆喝。而 5000 元以上的选择比例较低，仅为 1.16%。

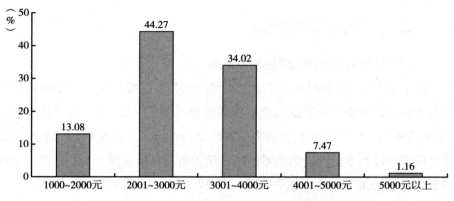

图5　2024年驾校小型汽车学费（含考试费）区间

对于2025年网络调查第3题"贵校2024年的学费价格与2023年相比，下降还是上升?"，超过2/3的受访者（92.79%，如图6所示）表示持平或下降（基本持平、下降5%~10%、下降11%~20%、下降20%以上）。这表明受访者对学费上涨的预期较低。此外，共计64.89%的驾校不同程度地进行了降价。

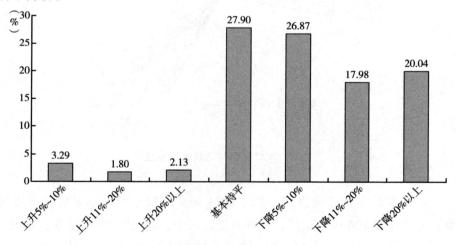

图6　2024年的学费价格与2023年相比

对于2025年网络调查第4题"2024年驾校招生的数量与2023年相比表现如何?"，74.81%的受访者认为招生数量下降且利润下降（如图7所示），这表明驾校面临很大的经营压力，并没有因为价格的下跌而带来薄利多销。

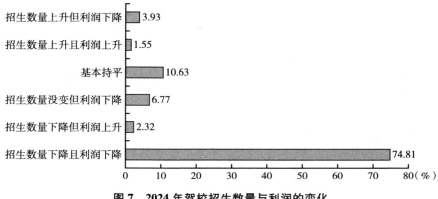

图 7　2024 年驾校招生数量与利润的变化

2. 80%以上的驾校不盈利

对于 2025 年网络调查第 9 题 "2024 年驾校经营是否取得盈利?"，超过 63%（小幅亏损 35.24%+大幅亏损 27.84%）的受访驾校表示面临不同程度的亏损，盈利的驾校总计不到 16%（如图 8 所示），表明行业整体盈利能力较弱。

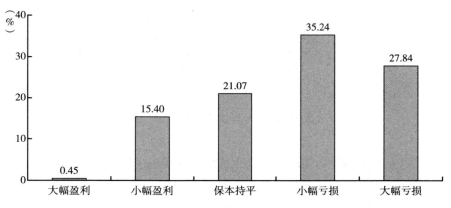

图 8　2024 年驾校盈利情况

这一情况，还可以从分别在上交所和港交所上市的驾培行业两家龙头企业年报中进一步得到印证。根据《时代周报》报道，"驾校第一股" ST 东时（东方时尚）披露的 2024 年业绩预告显示，预计公司 2024 年净亏损 6.2 亿元~7.9 亿元。自 2022 年起，东方时尚连续亏损，2022 年、2023 年净利润分别为-0.6 亿元和-3.62 亿元。根据智通财经报道，向中国际发布的年度业绩显示，2024 年该集团取得收益 3229.7 万元，同比减少 19.02%；公司拥有人应占亏损 836 万元，同比收窄 0.98%；每股基本亏损 1.94 分。

此外，根据 2025 年网络调查第 7 题"与往年相比较，2024 年贵驾校高考季招生人数变化情况？"，73.39% 的驾校表示存在不同程度下降，其中 56.38% 的驾校招生人数下跌 10% 以上，明显高于其他选项（如图 9 所示）。由于高考生是当前驾校旺季的主力生源，上述数据表明 2024 年驾校整体招生情况并不乐观。这进一步佐证了驾校不盈利的残酷真相。

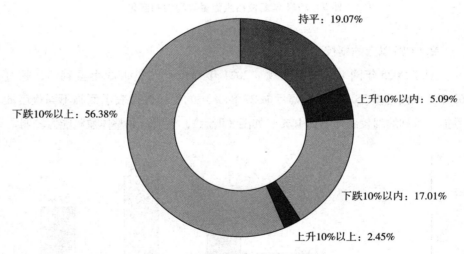

图 9 2024 年驾校高考季招生情况

在行业普遍困顿的情况下，部分驾校还能实现生源增加、持续盈利，说明驾培行业两极分化越来越明显，头部驾校呈现强者愈强的发展态势。

3. 驾培行业正在持续"去产能"

与很多传统行业一样，驾培行业的供给严重过剩：一方面，近年来驾校数量明显增加；另一方面，生源数量不断萎缩。这直接导致行业严重内卷和恶性价格竞争。以河南省为例，截至 2024 年 10 月，全省共有驾培机构 2400

家、教练车 4.57 万余辆、教练员 4.9 万余人，培训能力可达 250 万人次。据统计，从 2014 年至 2024 年，该省驾培机构数量从 1240 家增加到 2400 家；而年培训量最低在 130 万人次，最高也只到 180 万人次。

对于 2025 年网络调查第 11 题"2024 年，驾校的教练车利用率在哪个区间?"，31.96% 的受访者认为驾校的教练车利用率在 30%～50% 区间（如图 10 所示），这表明这一区间是最为常见的利用率范围。相比之下，80%～100% 区间的比例仅为 7.67%，显示出高利用率的情况较为少见，还有 26.93% 的驾校教练车利用率不到 30%，教练车及教练场地闲置率非常之大。

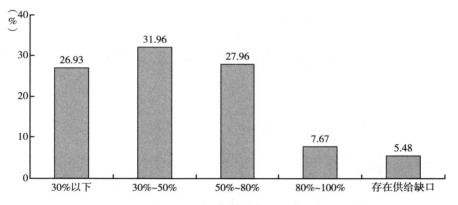

图 10 2024 年教练车利用率

对于 2025 年网络调查第 10 题"与 2023 年相比，2024 年贵校教练员及其他员工的数量增减情况?"，由于市场疲软、生源不足，36.15% 的驾校教练员及其他员工数量减少 1%～10%，而 27.64% 的驾校减少了 10% 以上，合计超过 63% 的驾校教练员及其他员工数量在 2024 年相较于 2023 年有所下降（如图 11 所示）。

对于 2025 年网络调查第 8 题"相对 2023 年，2024 年当地的驾校总数量是否有变动?"，减少的地区达到 33.70%，其中减少 10% 以上的达到 17.33%（如图 12 所示）。这说明，不管是主动还是被动，有不少驾校迫于经营压力，退出了市场。事实上，这也是行业"去产能"的一种方式。还有 41.30% 的受访者认为 2024 年当地的驾校总数量与 2023 年相比没有

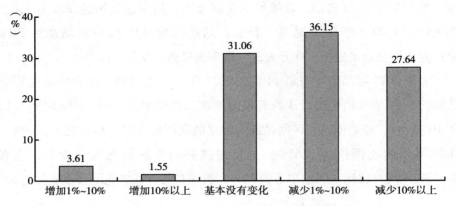

图 11　2024 年教练员及其他员工数量增减情况

变化，显示出当地驾培市场对投资者缺乏吸引力，投资者不敢贸然进入驾培行业。

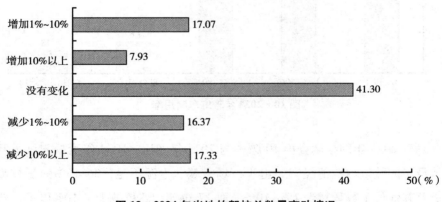

图 12　2024 年当地的驾校总数量变动情况

对于 2025 年网络调查第 18 题"以下哪些是您当下最关注的行业话题?"，61.08% 的驾校特别关注"能否延长教练车使用年限，进一步降低驾校经营成本"，这超出了其他所有项目（如图 13 所示），表明驾校"产能"闲置，不想更新车辆，希望延长教练车使用年限，保住备案条件。如果政策允许，驾校希望减员减车，除去闲置"产能"。

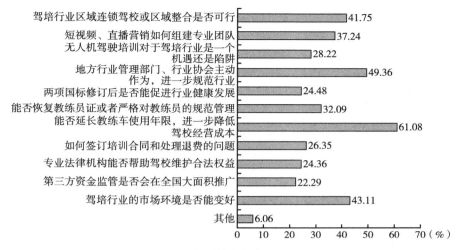

图13 当下最关注的行业话题

（三）区域驾培市场供求状况

为了方便社会各方了解机动车驾驶员培训市场概况，引导社会资金理性投资，推动机动车驾驶员培训行业健康发展，各地纷纷发布机动车驾驶员培训市场2024年供求状况信息。现摘取部分省会城市、地级市、县信息如下。①

1.广州市驾培行业基本情况

截至2024年12月31日，广州市正常经营的备案普通机动车驾驶员培训机构有163家，机动车驾驶员培训教练场经营企业7家。全市备案教练车9098辆，备案教练员13347名，备案教练场（包含经营性教练场）593个。

（1）企业数量及分布。备案驾培机构163家，比2023年增加2家，增幅1.2%。驾培机构数量排名前3的辖区是增城区、天河区和白云区，分别有30家、27家和26家，合计占全市驾培机构总数的50.9%（见图14）。

备案教练场经营企业7家，与2023年数量持平。其中，增城区3家，

---

① 本小节资料均来自当地交通运输管理部门公开发布的信息。

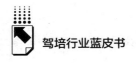

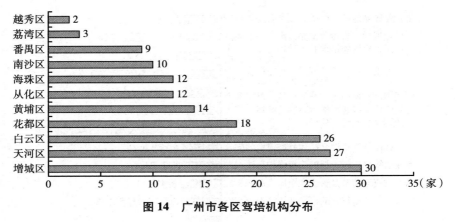

图14 广州市各区驾培机构分布

天河区、白云区、从化区、花都区各1家,除从化区教练场经营企业提供大中型客货车和小型汽车驾驶员培训场地外,其他均只提供小型汽车驾驶员培训场地。

(2)教练场(含经营性教练场)。备案教练场593个,比2023年减少11个,降幅1.8%,教练场数量排名前3的辖区是白云区、番禺区、花都区,其中设在白云区的教练场数量为165个,占全市总量的27.8%。

(3)教练车。备案教练车9098辆,比2023年减少706辆,降幅7.2%,平均车龄5.2年。其中,小型汽车8986辆(含小型手动挡汽车6323辆、小型自动挡汽车2663辆),占比98.8%;其他类型教练车112辆,占比1.2%。

(4)教练员。备案教练员13347名,比2023年减少208名,降幅1.5%。男性教练11701名,占比87.7%;女性教练1646名,占比12.3%。30岁及以下教练员1306名,占比9.8%;31~40岁教练员4899名,占比36.7%;41~50岁教练员4457名,占比33.4%;50岁以上教练员2685名,占比20.1%。

(5)学员。2024年广州市新备案学员共266623名,比2023年减少50923名,降幅16.0%。其中,男性学员146342人,占比54.9%;女性学员120281人,占比45.1%;18~22岁学员127398人,占比47.8%;23~30岁学员74979人,占比28.1%;31~40岁学员42114人,占比15.8%;40

岁以上学员 22132 人，占比 8.3%。

2. 无锡市机动车驾驶员培训市场供求状况

截至 2024 年 12 月 31 日，无锡市备案机动车驾驶员培训机构有 62 家，教练车 3023 辆，在职教练员 2698 人，教练场总面积约 167 万平方米。全年报名学员 14.16 万人，培训学员 12.6 万人。

（1）驾培机构。全市备案驾培机构共 62 家，较 2023 年减少 3 家。数量排名靠前的依次是宜兴（16 家）、江阴（9 家）、锡山（9 家）、惠山（8 家）。使用人工智能辅助教学系统（机器人教练）的有 3 家，其中梁溪、江阴、宜兴各 1 家。

（2）教练车。全市备案教练车共 3023 辆，较 2023 年减少 153 辆，降幅 4.82%。其中小型汽车 2720 辆（手动挡 1644 辆、自动挡 1076 辆），占比 89.98%；摩托车 252 辆，占比 8.34%；其他类型教练车[①] 51 辆，占比 1.68%；小型自动挡汽车、摩托车分别较 2023 年增长 10.02%、5.00%。

（3）教练员。全市备案在职教练员共 2698 人，较 2023 年减少 193 人，降幅 6.68%。男性 2330 人，占比 86.36%；女性 368 人，占比 13.64%。30 岁及以下 104 人，占比 3.85%；31～40 岁 642 人，占比 23.80%；41～50 岁 1102 人，占比 40.85%；50 岁以上 850 人，占比 31.50%。

（4）学员。全市报名学员共 14.16 万人，较 2023 年减少 1.76 万人，降幅 11.06%。其中，男性 8.59 万人，占比 60.69%；女性 5.57 万人，占比 39.31%。18～20 岁 4.47 万人，占比 31.58%；21～30 岁 4.37 万人，占比 30.84%；31～40 岁 3.14 万人，占比 22.19%；40 岁以上 2.18 万人，占比 15.39%。

（5）主要指标。第一，"产能"利用率[②]。按照每辆教练车年度最大培训能力 65 人计算，2024 年无锡市驾培行业全年最大培训能力为 19.6 万人，全年备案学员数量 14.16 万人，"产能"利用率为 72.02%。受考场排队、

---

① "其他类型教练车"包括 A1、A2、A3、B1、B2、C6 教练车。

② "产能"利用率=年度备案学员量÷年度最大培训能力×100%。

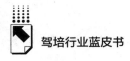

考试通过率等因素限制，培训学员 12.6 万人，年产出率为 88.98%。

第二，学车车型占比。全市新增报名学员以学习小型汽车为主，C1、C2 学员报名人数占总人数的 74.08%。C2 报名占比持续上升，达 38.21%，较 2023 年增长 4.31 个百分点。考取摩托车驾照（DEF）继续保持热度，占比 25.21%。

第三，报名人员波动。学员报名的两个高峰段分别是农历年后 3~4 月、暑期开始的 6~7 月，最高报名数为 3 月的 2.29 万人，波峰系数 1.94；12 月至次年 1 月为学员报名低谷期，最低报名数为 12 月的 0.52 万人，波谷系数 0.44。

3. 泸州市机动车驾驶培训市场供求信息

截至 2024 年 12 月 31 日，全市有驾校 54 所：一级培训机构 2 所、二级培训机构 11 所、三级培训机构 31 所，摩托车驾校 10 所。分布情况为江阳区 9 所（含摩托车驾校 1 所）、龙马潭区 8 所（含摩托车驾校 3 所）、纳溪区 9 所（含摩托车驾校 2 所）、泸县 7 所（含摩托车驾校 2 所）、合江县 11 所（含摩托车驾校 1 所）、叙永县 5 所、古蔺县 5 所（含摩托车驾校 1 所）。此外，有教练车 1818 辆（含摩托车 228 辆）；教练员 2156 人（含摩托车教练员 265 人），场地面积 1609.75 亩，从业资格培训机构 3 所。

与 2023 年相比，2024 年全市驾校减少 2 所（减少 3.57%），全市教练车减少 77 辆（减少 4.06%），教练员减少 195 人（减少 8.29%）。

根据全市现有教练车数量测算，全年培训能力达 11.4 万人次，但实际招生数量为 63376 人次。根据上述情况，全市驾驶培训市场培训能力已超过学员需求 80.63%，风险等级为橙色预警二级[①]。全市驾培市场已经达到饱和状态，培训能力严重过剩，市场竞争极其激烈。

4. 威海市机动车驾驶员培训市场风险预警信息

截至 2024 年底，威海全市共有机动车驾驶员培训机构 25 家，其中：一

---

① 驾校培训能力超过学员需求 100% 的为红色预警一级风险，超过 70% 的为橙色预警二级风险，超过 50% 的为黄色预警三级风险。

级驾校 4 家、二级驾校 10 家、三级驾校 11 家。驾培机构具体分布为：环翠区 10 家、文登区 5 家、荣成市 7 家、乳山市 3 家。全市备案各类教练车1045 辆（其中小型汽车占 97.42%），备案教练员 1186 人。全市驾校设置训练场地 61 处，覆盖各区市，满足群众就近学车需求。

2024 年全市驾校报名人数 32538 人（小型汽车报名人数 32350 人，占99.42%；大中型客货车报名人数 188 人，占 0.58%），其中，环翠区 15434人、文登区 5177 人、荣成市 7911 人、乳山市 4016 人。2024 年招生人数低于 1000 人的驾校有 13 家，低于 500 人的有 2 家。通过对近几年全市驾培市场供需状况的连续监测和分析（2023 年报名人数 34242 人，2022 年 34305人，2021 年 43976 人，2020 年 41644 人，2019 年 46291 人），招生总量呈明显下降态势。

根据驾校培训能力核定的建议计算方法，结合全市教练车数量测算，2024 年全市驾校最大培训量为 76145 人，驾培市场"产能"利用率仅为42.73%，驾培机构的供给能力已经严重过剩，处于供大于求的状态。

2024 年乳山永达驾校因经营不善而破产倒闭，乳山市政府对存量学员进行了部署安排。随着现有教练车辆报废期临近，威海市小型教练车（C1、C2）将于 2026~2028 年大规模到期报废，驾校需投入大量资金更新车辆，从而将面临资金紧迫的局面。

5. 新余市机动车驾驶培训市场供求信息

截至 2024 年 11 月 30 日，全市有汽车驾驶培训机构 25 所（一级驾培机构 1 所、二级驾培机构 2 所、三级驾培机构 22 所），其中 2 所驾培机构包含摩托车驾驶培训，另外还有摩托车驾驶培训机构 5 所。分布情况：渝水区22 所、仙女湖区 3 所、分宜县 5 所。汽车教练车 711 辆，摩托车 110 辆；教练员 760 人。

根据《机动车驾驶培训教学与考试大纲》，结合新余市实际预估 2024年全市驾培行业年最大培训供给能力约为 6 万人次，而截至 2024 年 11 月 30日实际招生数量为 28633 人次。

全市驾培行业实际供给能力远大于市场需求。从近 3 年数据来看，全市

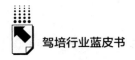

机动车驾驶培训报名人数年均 3 万人，2024 年报名人数为 2.88 万人，整体呈下降态势，且学驾主要群体相对集中在适龄青年、高中毕业生和在校大学生等，其培训需求时段较为集中于寒暑假，其他时段驾培资源易闲置，市场需求阶段性表现明显。

6. 衢州市驾培市场供求状况信息

衢州市现有汽车驾培机构 43 家，其中市辖区 14 家，龙游 4 家，江山 12 家，常山 6 家，开化 7 家，数量较为稳定。全市共有教练车 1578 辆，教练员 1796 人。

全市 43 家驾培机构平均场地面积为 2.32 万平方米，总面积为 99.61 万平方米。根据《机动车驾驶培训教学与考试大纲》的学时要求，按每位教练员每年提供 65 个培训量测算，衢州市驾培行业年培训能力为 11.67 万人。

衢州全市 2024 年学员报名数量为 3.33 万人，其中市辖区 1.50 万人，龙游 0.54 万人，江山 0.73 万人，常山 0.29 万人，开化 0.28 万人。2020~2023 年全市机动车驾驶培训报名人数均超过 4 万人，对比可知报名人数呈明显下降趋势。此外，驾培行业的经营成本不断上升，其中场地租赁费用、人员聘用费用明显上升。因此，驾培行业的利润空间有所缩减，部分企业已逐渐陷入经营困境。

7. 绵阳市驾培行业运行监测报告

截至 2024 年 12 月 31 日，绵阳市共有备案驾校 48 家，相比 2023 年同期减少 2 家。备案驾校数量 7 家以上的分别为涪城区、游仙区、三台县、江油市。

全市共有备案车辆 2160 辆，相比去年同期减少 53 辆，同比减少 2.39%；备案教练员 2715 人，相比去年同期增加 434 人，同比增加 19.03%。

机动车驾驶员培训行业的培训能力与备案教练车数量、单车招生指标等相关，按每车每年培训 72 人计算，行业年度驾驶培训能力总体呈现逐年递减的趋势。截至 2024 年 12 月 31 日，全市驾驶培训能力为 15.55 万人/年。

2024 年，全市驾驶培训招生数量 73893 人，与 2023 年相比下降 3408 人，同比下降 4.41%。全市驾培行业"产能"利用率为 47.51%，驾培行业投资风险处于黄色预警区间。各区县"产能"利用率存在差异，7个区县"产能"利用率低于60%，两个区县低于40%。大部分区县培训供给能力明显大于社会学驾需求。

全市大中型客车（含A1、A3和B1车型）、大型货车及牵引车（含A2、B2和C6车型）和小型汽车（含C1、C2和C5车型）的招生数量均呈现逐年下降的趋势。

（四）驾培市场主要变化情况分析

我国经济结构转型升级正步入深水区，大部分传统行业面临优胜劣汰的市场压力。对于驾培市场发生的变化，除了外部环境的影响外，行业内部的内生动力也发挥着重要的作用。

1.驾校投资偏谨慎和保守，越来越注重降本增效

随着土地、人工、物资消耗等成本的不断升高，驾培机构的教练场租金、人员工资、车辆燃耗和维护等固定支出不断增加。我国大部分区域驾培市场竞争激烈，供过于求，影响市场运行的不确定性因素较多。与此同时，随着经济的下行，大众消费趋于保守，驾培行业的投资也趋于保守和谨慎。

对于2025年网络调查第20题"2025年，您对当地以及全国驾培市场是否更有信心?"，答案的平均值为47.27，低于50，说明行业投资者基于对市场现状的判断，信心不足。进一步来看，有接近40%的受访者信心值低于40（见图15）。

对于2025年网络调查第13题"针对驾培市场的现状，2025年您对驾校的投资意向是什么?"，41.43%的受访者表示保持不变，观望政策变化，还有22.55%的受访者表示计划收缩场地规模，裁员或减少教练车辆（见图16）。

在对外增收很难的情况下，其实大部分驾培机构已经采取了对内减员增效、收缩场地规模、减少教练车辆和利用驾驶模拟器、新能源教练车教学等进一步降本的行动。

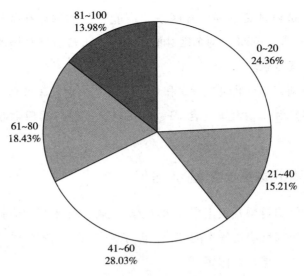

图 15　驾培市场信心值

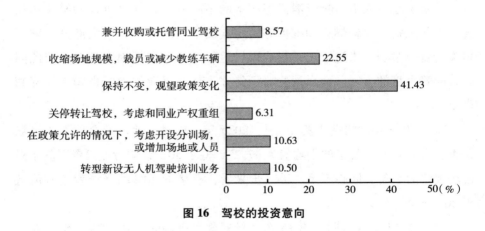

图 16　驾校的投资意向

对于 2025 年网络调查第 14 题"截至 2024 年底，贵驾校是否采购、使用了新能源车?"，有 33.44% 的驾校表示部分或全部使用了新能源教练车或新能源考试车（见图 17）。

对于 2025 年网络调查第 16 题"2024 年，贵驾校对驾驶模拟器、机器人教练、数字化管理系统应用的情况?"，在所有受访者中，有 42.59% 的表示已经使用了模拟器教学，还有将近 15% 的驾校使用了机器人教练教

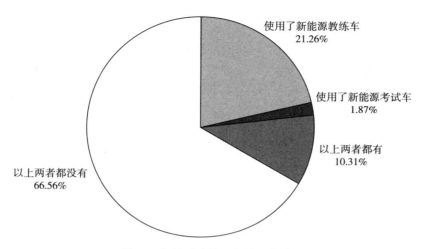

使用了新能源教练车
21.26%

使用了新能源考试车
1.87%

以上两者都有
10.31%

以上两者都没有
66.56%

图 17　驾校采购使用新能源车情况

学，"以上都未使用"的只占 34.66%（见图 18）。而 2023 年，以上数字分别是 41.11%、14.73% 和 34.52%，虽然增加的比例不多，但也说明驾校新增投资偏保守，从另外一个侧面也表明，驾培行业智慧化转型正在纵深发展。

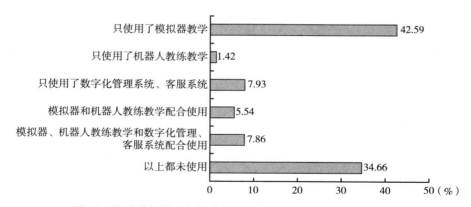

图 18　驾驶模拟器、机器人教练、数字化管理系统等应用情况

在驾校向智能化转型过程中的挑战不容忽视。技术投入成本高、传统教练员数字技能不足、学员接受度差异大等问题都制约着技术普及的速度。特别是对于中小型驾校，单台动辄数万元的机器人教练设备投入和复杂的系统维护要求不是简单的事情。解决这些问题需要行业共同努力，包括开发成本更低的系统解决方案、加强人员培训以及开展市场教育等。

教练车是驾校的一大投入，更新教练车辆纯属成本，对于驾校而言，希望延长使用期限，降低折旧成本。尽管这一要求得到满足的可能性不大，但也反映了在驾培市场下行的态势下，驾校不大愿意追加投资。近年来，不少驾校到处寻找、购买二手教练车。据中国交通运输协会驾驶培训分会推出的"全国驾培行业供需平台"信息，驾校对二手教练车的需求越来越多。

建议拟投资新建驾培机构的投资者，以及拟扩大培训规模的经营者，要密切关注驾培行业动态，准确评估投资风险，充分考虑各方面因素，谨慎决策，避免造成投资损失。

2. 优秀驾校积极开展网络营销，提高品牌声量、更新员工队伍

商业的本质是流量，市场成交按照"漏斗原理"进行，"量大定乾坤"。

随着学员的年轻化，驾校的目标客户广泛活跃在各个网络平台。网络上流行一个说法："年轻人的最爱是抖音、小红书和B站"。

学员在哪里，市场营销就应该在哪里。之前，大部分驾校只注重线下营销和转介绍，而品牌驾校还非常注重口碑营销，就是希望老学员见证驾校优质的教学和服务，进而传播这种体验并推介更多的新学员。

"酒香也怕巷子深"。由于社会传播方式的改变，驾校的市场营销渠道发生了结构性变化，短视频压缩了学员转介绍的空间。随着生活节奏的加快，人们线下交往的机会越来越少，线上社交的机会反而越来越多。短视频是具象、生动、可视化的信息资料，更受网民的欢迎和青睐。

对于驾校而言，现在的口碑营销，除了老学员见证以外，还需要在互联网尤其是新媒体的平台通过视频、图文、直播展示自身品牌特色，引导更多的人看见自身品质和优点。

尤其是年轻的学员，越来越在意别人的消费体验，喜欢看其他网友的评价和互动，通过新媒体平台（如抖音短视频、小红书、高德地图等）的推荐选择驾校。

在驾培行业，网络营销和传统地推在招生上形成了此消彼长的关系。驾校通过新媒体公域平台提高曝光率，提高品牌的声量，达成引流、获得线索，再到私域成交的目标。而这两年，驾校通过在新媒体平台开设店铺，就可以直接在公域平台上成交。不是驾培行业没有生源，是不懂得网络营销的驾校生源被同行截流。

对于2025年网络调查第5题"2024年网络（含短视频平台、小红书、高德地图、网络平台线索等）招生占总招生量的比重情况？"，有接近20%的驾校网络招生占比达30%及以上；有5.22%的驾校网络招生占比甚至达到50%及以上（见图19）。当然，还有51.55%的驾校网络招生占比不到10%。这些说明网络营销竞争还不是很激烈，市场空间较大。

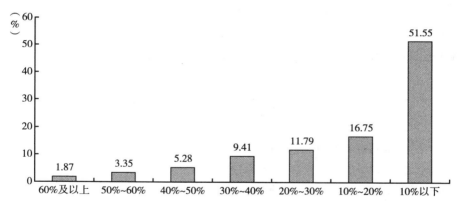

图19　2024年网络（含短视频平台、小红书、高德地图、网络平台线索等）招生占比

"思路决定出路，格局决定结局。拿着旧地图，找不到新大陆。"一些先知先觉的驾校，开启了全员网络营销，拍短视频、做直播，写小红书；还有一些驾校，针对部分老员工年纪太大、学习能力较弱、跟不上新形势的情况，引进"00后"这些更年轻、更有学习新媒体能力的员工。对于2025年网络调查第12题"2024年，贵驾校员工的年龄主要集中在以下哪个区间？"，有41.82%的受访者表示驾校员工平均年龄不到41岁，只有9.02%的驾校员工平均年龄高于50岁。

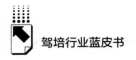

3. 在管理部门和协会的努力下，第三方资金监管继续扩围护航

"第三方托管"新模式对传统预收费方式进行了重大调整，实现了驾驶员培训"一费清"。学员将培训费用缴至个人在银行开设的账户进行资金冻结托管，按照合同约定分阶段划拨资金，可有效保障资金安全。学员在完成相应阶段培训后，所托管资金才会划拨给驾校，大幅提升和增强了培训的透明度与公平性，更好地保障了学员和驾校双方的合法权益。①

之前，全国已经有日照、济南、青岛、广州、合肥等多个城市相继落地"资金监管"有关政策，2024 年以来，又有北京、长沙、上海、芜湖、蚌埠、莆田、苏州、张家港、南通、宜兴、菏泽、寿光、东莞、福州、长春等地陆续启动驾培学费第三方存管服务，这反映了驾校开始认同和支持这一创新举措。

对于 2025 年网络调查第 15 题"截至 2024 年，贵地是否实施了第三方资金监管和学时对接？"，23.90%的受访者表示驾校已经实施了第三方资金监管，其中学时对接和第三方资金监管都已经实施的占 20.81%（见图 20）。

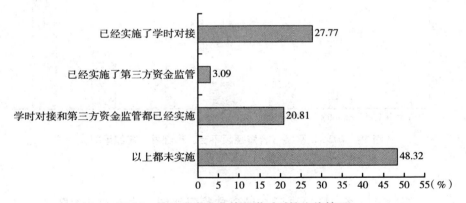

图 20　第三方资金监管和学时对接实施情况

当然，如何平衡驾校的现金流，提高资金使用效率，缓解本地转学带来的矛盾，是下一步资金监管模式优化的方向，值得全行业去研究和完善。

---

①　需要指出的是，第三方资金监管不可能消除价格战和达成区域市场垄断，反而可能制约驾校的经营管理和现金流量。

马鞍山市建立资金托管机制的举措取得良好效果

2024 年 3 月以来，马鞍山市交运局聚焦机动车驾驶员培训市场普遍存在的教学质量无法保障、学员维权困难等群众反映强烈问题，创新驾驶员培训模式，引入金融机构托管培训资金，促进驾培行业经营由传统要素驱动向创新驱动转变，形成可复制、可推广的先进示例样板。

其中，建立资金托管机制。改变传统驾培机构预先收取培训费用模式，引入银行第三方学费托管机构，签订监管平台服务商、驾校与培训资金托管机构三方协议，明确三方责任和各阶段学费。学员通过"智慧驾培"监管服务平台，将培训费一次性缴至第三方托管系统专用账户，杜绝驾校挪用培训费、资金链断裂等风险，保障培训资金安全。截至目前，累计托管培训资金 3737.05 万元，划拨驾校培训费 1889.47 万元。

在此机制下，第三方学费托管金融机构根据"智慧驾培"监管服务平台的学员完成培训进度，将培训费分期从监管账户核拨至相应驾校，实现机动车驾驶培训学费给付方式向先培训、后缴费转变。学员在任一时间节点因各种原因无法继续参培，剩余资金将全部返还，避免退费难现象发生。已累计退还学员未完成培训资金 114.03 万元，冻结未完成培训学员学费 1725.25 万元。

（资料来源：《马鞍山市交运局构建"驾培 + 智能 + 金融"应用场景促进驾培市场转型升级》，金台资讯，https：//baijiahao. baidu. com/s？id = 1813600520268288319&wfr=spider&for=pc，2024 年 10 月 22 日）

三　机动车驾驶培训与驾驶人考试相关政策调整情况

（一）国家三部门联合发文，严格机动车驾驶员培训考试管理

2024 年 4 月 30 日，为了进一步夯实道路交通运输领域安全生产基础，切实提升安全生产水平，根据《安全生产治本攻坚三年行动方案（2024～

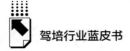

2026年）》和交通运输、公安、应急管理等部门三年行动子方案，交通运输部办公厅、公安部办公厅、应急管理部办公厅联合印发《道路运输安全生产治本攻坚三年行动实施方案》。现在，将与驾培行业相关的内容摘录整理如下。

（1）严格机动车驾驶员培训考试管理。各地交通运输、公安部门要加快建立健全以驾驶员安全文明驾驶水平为核心的培训考试质量评估体系。严把培训关，督促驾驶员培训机构严格落实培训内容和学时要求，培养安全文明高素质驾驶员；加强和规范教练员管理，开展教练员侵犯学员合法权益、侵犯消费者合法权益行为专项治理。严把考试关，严肃考试纪律，严格考试标准，严厉打击考试作弊等违法违规行为。积极推进驾驶培训与考试信息共享。

（2）强化营运驾驶员安全教育培训。依托道路交通安全宣传教育基地、道路运输安全警示教育基地等，组织重点运输企业和重点驾驶员全面开展防御性驾驶培训，提升驾驶员在长大下坡、雨雪冰冻、大雾团雾、前方突发事故及车辆爆胎、起火、落水等情形下的应急驾驶操作能力。

（3）加强农村交通安全宣传。各地公安部门要积极争取地方党委政府支持，加强农村交通安全宣传提示，广泛张贴交通安全宣传海报，运用农村大喇叭等常态播放安全出行警示提示，推动提升农村地区群众安全意识。要统筹用好农村交通安全劝导员、农村公路护路员等力量，及时劝导纠正轻型货车、三轮车、拖拉机违法载人，以及面包车超员和非法营运、驾乘车辆不系安全带等违法违规行为。

（4）提升全民交通安全意识。各地要持续开展交通安全宣讲进机关、进农村、进社区、进企业、进学校、进家庭、进网络，提升驾乘人员安全意识和防护水平。加强老年人出行安全教育，提升老年人安全意识和防护能力。

（5）健全以信用为基础的分类分级管理机制。各地要综合运用各类信用载体，推动建立健全事中事后监管机制，对道路运输领域相关市场主体实施分类分级监管。对于规范守信的企业，减少检查频次，并在运力调整等方面向其倾斜；对于安全风险高的企业，定期约谈企业主要负责人，提高检查频次，推动从源头消除重大安全隐患。

（二）公安部修改《机动车驾驶证申领和使用规定》，延长准驾年龄

2024年12月21日，为了进一步完善机动车驾驶人考试和管理制度，优化机动车驾驶证考领程序，公安部决定对《机动车驾驶证申领和使用规定》做如下修改（自2025年1月1日起施行）。

（1）将第十四条第一项修改为："（一）年龄条件：1. 申请小型汽车、小型自动挡汽车、残疾人专用小型自动挡载客汽车、轻便摩托车准驾车型的，在18周岁以上；2. 申请普通三轮摩托车、普通二轮摩托车准驾车型的，在18周岁以上，70周岁以下；3. 申请轻型牵引挂车准驾车型的，在20周岁以上，70周岁以下；4. 申请低速载货汽车、三轮汽车、轮式专用机械车准驾车型的，在18周岁以上，63周岁以下；5. 申请城市公交车、中型客车、大型货车、无轨电车或者有轨电车准驾车型的，在20周岁以上，63周岁以下；6. 申请大型客车、重型牵引挂车准驾车型的，在22周岁以上，63周岁以下；7. 接受全日制驾驶职业教育的学生，申请大型客车、重型牵引挂车准驾车型的，在19周岁以上，63周岁以下。"

（2）将第六十五条第一款修改为："年龄在63周岁以上的，不得驾驶大型客车、重型牵引挂车、城市公交车、中型客车、大型货车、轮式专用机械车、无轨电车和有轨电车。持有大型客车、重型牵引挂车、城市公交车、中型客车、大型货车驾驶证的，应当到机动车驾驶证核发地或者核发地以外的车辆管理所换领准驾车型为小型汽车或者小型自动挡汽车的机动车驾驶证，其中属于持有重型牵引挂车驾驶证的，还可以保留轻型牵引挂车准驾车型。但年龄在63周岁以上，需要申请继续驾驶大型客车、重型牵引挂车、城市公交车、中型客车、大型货车、轮式专用机械车、无轨电车和有轨电车，通过记忆力、判断力、反应力等能力测试的，可以在年满63周岁前一年内向机动车驾驶证核发地或者核发地以外的车辆管理所申请延长原准驾车型驾驶资格期限，延长期限最长不超过三年。"

（3）将第七十九条第一款第十项修改为："（十）年龄在63周岁以上，所持机动车驾驶证只具有轮式专用机械车、无轨电车或者有轨电车准驾车

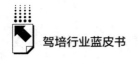

型，且未经车辆管理所核准延期申请的，或者年龄在70周岁以上，所持机动车驾驶证只具有低速载货汽车、三轮汽车准驾车型的。"

（4）将第八十七条第二款第一项修改为："（一）取得相应准驾车型驾驶证并具有三年以上驾驶经历，年龄符合国家校车驾驶资格条件。"

（5）将第九十二条第一款第二项修改为："（二）年龄超过国家校车驾驶资格条件的。"

（三）最高法发布《关于审理预付式消费民事纠纷案件适用法律若干问题的解释》以规范收费纠纷解决

为了正确审理预付式消费民事纠纷案件，保护消费者和经营者权益，根据《中华人民共和国民法典》《中华人民共和国消费者权益保护法》《中华人民共和国民事诉讼法》等法律规定，结合审判实践，最高人民法院发布了《关于审理预付式消费民事纠纷案件适用法律若干问题的解释》（法释〔2025〕4号），自2025年5月1日起施行。

其中，第一条明确指出："在零售、住宿、餐饮、健身、出行、理发、美容、培训、养老、旅游等生活消费领域，经营者收取预付款后多次或者持续向消费者兑付商品或者提供服务产生的纠纷适用本解释。"司法解释中还有很多条款和驾培机构的经营息息相关，尤其是涉及学员具体退费问题，需要在培训合同签订和交付实施当中特别予以重视。

近年来，驾校经营不善从而倒闭跑路导致学员权益受损的问题并不罕见，此司法解释的出台，为这类现象戴上了"紧箍咒"。

四 地方层面的政策法规调整与创新作为

近年来，在国家机动车驾驶培训考试法律法规政策趋于稳定的情况下，地方交通运输主管部门持续完善配套政策，纷纷推进第三方资金监管，认真履行驾培行业监管职责，提升管理服务水平，进一步优化驾培市场营商环境，通过主动作为推动建立有效市场，净化行业生态，有力推动驾培行业高质量发展。

2024年全年与2025年初，部分地区行业管理部门制定发布的新政策、治理行业的新举措在业界具有一定的代表性和先进性，在这里精心挑选一些案例进行简单介绍。

（一）北京市交通委等部门发布《北京市机动车驾驶员培训预付费监管办法（试行）》

为了贯彻落实《北京市单用途预付卡管理条例》，规范驾培机构的预付费经营活动，防范驾培机构的经营风险引发社会风险，保障消费者合法权益，北京市交通委会同市委金融委员会办公室、市市场监管局、中国人民银行北京市分行、国家金融监管总局北京监管局，联合印发了《北京市机动车驾驶员培训预付费监管办法（试行）》，并于2024年6月5日组织召开宣贯会对文件进行宣贯和解读，商万友二级巡视员代表市交通委，从"要提高政治站位，要加强宣传贯彻，要严密组织实施"三个方面提出工作要求。

该办法确定了工作原则、工作职责、备案要求，明确了适用范围、收费方式、存管模式、拨付规则、退费及纠纷处理以及各方责任等。

资金管理方面，既考虑驾培机构的预付费经营风险，也充分考虑驾培行业的合理发展。明确建立驾培机构预收资金存管比例动态调整机制，将规范经营、培训质量、投诉办理等情况与存管比例挂钩，根据情况按年度或即时调整存管比例，引导驾培机构规范经营、优质服务，注重培训和服务质量。

信息公开方面，规定驾培机构应当按照《北京市交通运输行业单用途预付卡备案管理办法》的规定备案相关信息。要求驾培机构在经营场所、网页等醒目位置公示收费项目和收费标准。规定驾培机构应当向学员提供培训服务费用使用情况、消费记录、余额等信息的查询服务。

消费者权益保护方面，规定驾培机构应当参照市交通运输主管部门和市场监督管理部门联合制定的《北京市机动车驾驶培训服务合同（示范文本）》，与学员签订合同。合同内容应当符合《北京市单用途预付卡管理条

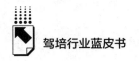

例》等有关法律法规要求，严禁利用不公平格式条款侵害学员合法权益。要求驾培机构应当就合同约定的收费项目、收费标准、收费方式、退费方式、退费流程等事项充分告知学员。

（二）广西构建一站式驾培公共服务平台

为了进一步提升驾培行业服务质量，保障学驾双方合法权益，2025 年 1 月，广西壮族自治区交通运输厅印发《广西机动车驾驶培训公共服务平台应用工作方案》，以打造更加规范、高效、便捷的驾培服务体系。

根据方案，广西将聚焦解决驾培行业择校难、流程乱、费用纠纷等问题，构建一站式信息化服务平台，为区内驾培学员提供线上择校报名、线上签订电子合同、线上缴费、先培后付、分阶段支付培训费用以及线上评价等一站式服务，推动驾培行业服务质量和监管效能全面提升。

方案要求各地加强驾培机构备案管理，确保机构、教练员、车辆设备等数据真实准确，为后续的监管和服务打下坚实的数据基础。此外，要求区内驾培机构按规定开展计时培训，确保培训质量；与学员签订培训合同，推荐使用合同范本签约，明确权利义务；实行学驾资金固定账户管理，实现先培后付，学员学费按照学时进度解冻到驾培机构账户。

据介绍，驾培公共服务平台的应用将进一步规范市场秩序，提高驾培行业的管理和服务水平，保障学驾双方合法权益，提升学员的满意度。

（三）内蒙古、杭州等地出台驾培机构服务质量评价管理办法

2024 年 5 月 10 日起，内蒙古自治区交通运输厅、公安厅联合印发的《内蒙古自治区机动车驾驶员培训机构质量信誉考核办法（试行）》正式实施，适用于在内蒙古自治区内依法完成经营备案并从事机动车驾驶员培训业务的机动车驾驶员培训机构。该办法结合了驾培行业的实际管理需求，通过进一步明确考核主体、完善考核指标、设定考核分值、规范考核流程、强化协同监管等多方面形成了量化考核标准。

为了规范杭州市机动车驾驶人培训机构的经营服务行为，保障学员的学

驾权益，优化行业营商环境，提高行业整体培训质量和服务水平，根据《机动车驾驶员培训管理规定》（交通运输部令 2022 年第 32 号）、《机动车驾驶证申领和使用规定》（公安部令第 162 号）、《中华人民共和国消费者权益保护法》《浙江省道路运输条例》《杭州市机动车驾驶员培训管理条例》等的要求，杭州市交通运输局结合本市实际，制定了《杭州市驾培机构服务质量评价管理办法》。该评价管理办法自 2024 年 9 月 1 日起施行，由杭州市交通运输主管部门负责牵头组织实施，各县（区、市）交通运输主管部门按照辖区划分做好数据采集的协助和配合工作。主要对驾培机构培训质量、服务信誉、规范经营、加分事项、重点监测事项五个方面的数据进行收集、汇总、分析、计算，得出最终分数，确定评价等级。同时，对主要指标、评价方式以及评价结果等级划分与应用做了详细说明。旨在推动行业管理与服务的相关决策。

（四）昆明、日照等地发布促进驾培行业高质量发展实施的意见

为了进一步提升昆明市机动车驾驶培训服务质量，促进机动车驾驶培训行业高质量发展，根据《中华人民共和国消费者权益保护法》《机动车驾驶员培训管理规定》《道路运输从业人员管理规定》《国务院办公厅转发公安部交通运输部关于推进机动车驾驶人培训考试制度改革意见的通知》（国办发〔2015〕88 号）、《昆明市"放心消费在昆明"领导小组关于印发"放心消费在昆明"三年行动方案及 2023 年工作任务的通知》（昆放消〔2023〕1 号）等法律法规和文件，昆明市交通运输局印发《关于提升机动车驾驶培训服务质量促进行业高质量发展的实施意见》。

其主要任务包括五项：压实驾驶培训机构主体责任，提升培训质量；强化驾驶培训行业管理服务，保护学员权益；推进跨部门综合监管，提升工作效能；完善信用建设监管机制，提升服务能力；充分发挥行业协会作用，加强行业自律。任务内容包括强化驾驶培训行业监管创新服务举措，鼓励驾驶培训机构提供计时培训计时收费、先培训后付费服务模式，防范化解驾培市场培训费资金风险，减少经济纠纷；制定驾驶培训服务合同示范文本，明确

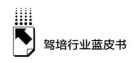

学员和驾驶培训机构双方权利义务；引导驾驶培训机构按照示范文本制定合同内容，做好合同条款解释；等等。

2024年7月2日，日照市交通运输局、公安局、自然资源和规划局印发了《关于加强和规范事中事后监管促进机动车驾驶员培训高质量发展的实施意见》，重点强调了3个方面的主要措施。

（1）进一步规范培训业务备案流程。按照"老企业，老办法，新企业，新办法"的原则，原许可的《道路运输经营许可证》有效期届满后，拟按原许可事项继续从事机动车驾驶员培训业务的，在有效期届满前到原许可所在地区县交通运输主管部门进行备案。自该实施意见下发之日起，新申请机动车驾驶员培训业务的，应提前对日照市驾培市场进行全面调查了解，特别是教练场地使用的土地应符合自然资源部门有关土地管理的要求，正确评估投资风险，谨慎投资，避免造成投资损失。

（2）严格机动车驾驶员培训考试管理。要求驾驶员培训机构依法依规开展各项经营活动，严把培训关，督促驾驶员培训机构严格落实培训内容和学时要求，培养安全文明高素质驾驶员；加强和规范教练员管理，开展教练员侵犯学员合法权益、侵犯消费者合法权益行为专项治理；严把考试关，严肃考试纪律，严格考试标准，严厉打击考试作弊等违法违规行为。

（3）加强事中事后监督检查。各级交通运输主管部门要切实落实监管责任，加强对驾培机构经营过程中的监督检查，着重检查备案事项与实际情况是否一致，认真开展质量信誉考核等相关工作，加快建立健全以驾驶员安全文明驾驶水平为核心的培训考试质量评估体系。

（五）河南深入贯彻落实《机动车驾驶员培训管理规定》

2024年11月6日，河南省机动车驾驶员培训机构规范化管理工作现场会在南阳邓州召开，会议总结了《机动车驾驶员培训管理规定》（交通运输部令2022年第32号）颁行2年以来的工作，分析研判形势，部署当前及下一阶段的主要任务，以提升驾培机构规范化管理水平，提高驾培行业管理部门服务效能，促进河南省驾培行业健康可持续发展。同时指出，扎实推进群众身边不正之风和腐败问题集中整治在驾培行业落地见效。

按照交通运输部"政府引导、企业自律、社会满意"的行业指导原则，引导驾培机构积极运用现代企业经营管理理念，探索集约化经营管理模式，推进资金托管监管服务模式，推广情景模拟教学模式。河南省交通运输厅针对驾培机构内部管理现状构建完善了"12310制度"①，制定样板材料，进一步提升标准化、精细化、科技化管理水平。对于严重扰乱驾培市场秩序，不具备资质的"黑教练车""黑教练员""黑培训场地"等安全隐患，河南省交通运输厅也将持续在全省范围内开展道路运输领域风腐整治工作，坚决打击"黑驾校"，做到"零容忍"。

同时，完善协同监督管理机制，一方面，建立内部协同机制；另一方面，积极推动与公安交管、市场监管等跨部门的协同机制。建立健全信用监管机制，逐步完善驾培机构和教练员信用"红黑榜"，研究制定失信名单的分级管理制度，依据失信程度和整改情况向社会公开公示。强化信息化管理手段应用，充分利用科技手段开展管理服务工作，全面开展驾培监管服务平台使用，及时掌握驾培机构运营、教练员培训、教练车管理等信息，督促驾培机构通过企业平台及时上传基础和培训信息，形成全省机动车驾驶培训服务"一张网"。充分发挥行业协会作用，鼓励行业协会制定并组织实施行业职业道德准则，建立完善行业自律约束机制，规范会员单位行为，引导驾培行业加强自我约束，推动行业健康稳定发展。

（六）湖南驾培行业联管共治工作座谈会召开

2024年11月27日，湖南省道路运输管理局在长沙组织召开2024年驾培行业联管共治工作座谈会。会议总结了当前湖南省驾培行业管理部门联管共治工作推进情况，交流了湘潭市城市试点工作经验，集中讨论了推行驾培行业"学时监管、学费托管、学员共管"（简称"三管"）服务模式工作

---

① 即1个企业平台，2份合同（培训合同、聘用合同），3类档案（学员档案、教练员档案、教练车档案），10项制度（安全管理、培训管理、设施设备管理等）。

实施方案（讨论稿）及"三管"模式驾培服务合同（示范文本稿）、行业自律建设相关制度（讨论稿）等内容。

此次会议是贯彻落实湖南省道路运输管理局主要领导与省公安交警总队主要领导对接会商相关工作要求，推动建立道路运输管理部门、公安交管部门联管共治工作机制，适时分析研究驾培行业实情，探索加强行业发展与安全监管措施的一次十分重要的会议。

（七）《青海省机动车驾驶员培训服务合同示范文本》发布

《青海省机动车驾驶员培训服务合同示范文本》（2024 版）于 2024 年 7 月 2 日起正式启用，旨在进一步推进合同示范文本在行业内广泛推广使用，减少学员与驾培机构签约矛盾和费用纠纷，规范驾培市场秩序，提升服务质量。2024 年 7 月 12 日，西宁市交通运输综合行政执法局召开了西宁市机动车驾驶员培训服务合同示范文本推广会。

会议上，详细介绍了示范文本修订的原因和背景，就合同示范文本内容进行了详细解读，包括合同有效期、培训内容、培训学时、培训费用及服务方式、培训预约、甲乙双方权利义务及违约责任等内容，并对重点修订条款进行了解读。随后，全市驾培机构负责人共同签订使用《青海省机动车驾驶员培训服务合同示范文本》承诺书。

（八）泸州多举措加快推动驾培行业转型发展

2024 年，泸州市运管局以机动车驾驶员安全能力提升三年攻坚行动为契机，多举措推动驾培行业转型升级。为了有效遏制学时造假乱象，规范驾培市场秩序，筑牢道路交通安全防线，按照泸州市交通运输局的统一部署，泸州市运管局会同市交通运输综合行政执法支队在全市开展了机动车驾驶培训学时造假集中整治行动，通过精心安排部署、多措并举、多点发力，积极营造了学员、教练员、驾校、计时培训系统营运商和行业管理部门合力自觉抵制学时造假的良好氛围。

全市共举办驾校和 3 家计时培训系统营运商工作推进暨业务培训 2 次，

2000 余名教练员与所属驾校签订《教练员诚信教学承诺书》；同时，市运管局与市交通运输综合行政执法支队运用召开联席会议、举办培训班、线上线下宣传、开展督促指导等方式，共出动督导人员 300 人次，督导驾校 62 家、发现监管平台中 62 条疑似学时造假数据（50 条为造假数据），已分别对驾校和计时培训系统负责人开展约谈，给予罚款、停训等处罚，并查处违法行为 92 起，罚款 55300 元、停训车辆 74 辆、停训教练员 72 人次。

（九）绵阳市12328热线助力驾培市场规范运行

绵阳市 12328 中心充分发挥热线的"晴雨表"作用，围绕"处理一个投诉、解决一类问题、完善一套机制、实现一个转变"要求，进一步推动行业堵点问题由工单办理向行业治理转变。

2024 年 9 月底，针对前三季度受理驾校有关问题增多的情况，组织有关人员进行分类梳理，向有关单位（科室）发出预警提示。相关单位立即进行分析研判，找准症结，制定举措，及时解决群众反映的困难问题。10 月，全市涉及机动车驾驶员培训类投诉同比下降 95.45%，11 月同比下降 32%，有效减少驾校退费、服务质量等问题投诉。

针对合同中对退费条件和标准规定不清等问题，联合驾培协会对合同进行全面规范，明确合同须包含的基本条款，确保合同的完整性和公正性；督促驾校在与学员签订合同时，须向学员详细解释合同条款，确保学员充分了解自己的权利和义务。指导驾培协会制定行业自律公约，修改完善教练员黑名单制度，同时将学员综合评价、日常核查的有效投诉等纳入年度质量信誉考核评价。

绵阳市交通运输局与交警部门完善沟通机制、合作渠道，联合发布"学员扫码评训评考"微信二维码，将评价结果体现在"一月一通报"中，同时对季度综合考试合格率排名靠后、同一驾校被投诉 2 次及以上、被上级通报学时数据造假 2 次以上的企业，会同辖区管理部门进行约谈并责令整改，依法依规进行查处。督促各县（市、区）行业主管部门加强监督，针对学员投诉问题，及时进行化解和处理。

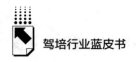
鼓励驾校逐步向直营或驾校联合经营模式转变，进一步加强驾校对教练员的管理和培训，提高教学质量和服务水平。督促驾培机构及时更新公示经营类别、培训范围、收费项目、培训流程、教练员与场地信息等内容；保障学员在报名时能够清楚掌握培训内容，能够合理规划学习时间，提前了解训练环境。

（十）杭州联合抖音生活服务启动驾培领域网络招生治理

为了切实保障消费者权益，治理驾培领域网络招生乱象，2025 年 4 月，杭州市交通运输行政执法队与抖音生活服务启动政企联动治理工作。双方携手打击违规网络招生行为，旨在构建公平、有序的培训市场环境。

截至 4 月 8 日，抖音生活服务平台依据交通运输行政执法队提供的备案驾培机构名单，打击无培训资质商家 40 余家，对违规商家采取了商品下架、门店封禁等处置措施。

下一步，抖音生活服务平台将继续重点关注用户反馈和投诉状况，积极履行平台责任，及时响应行业监管与各项执法工作。同时，交通运输行政执法队会将日常监管过程中发现的违规行为及相关信息反馈给抖音生活服务平台。平台将依据违规情节严重程度，对违规商家采取警告、商品下架或商家清退等处置。

此次政企合作不仅提升了交通运输部门对驾培行业的监管效能，也进一步强化了平台对用户消费权益的保障。接下来，双方将持续深化合作，不断完善联动机制，助力驾培行业规范、稳健发展，确保广大消费者能够享受到优质、合规的驾培服务。

五 部分地区智慧驾培试点及推进情况

近年来，智慧驾培成为行业管理部门和驾培机构重点关注的对象，是驾培行业发展新质生产力的主要方向。智慧驾培是"智能驾驶模拟器+机器人教练+智能客服"的教学服务模式。一般而言，学员在上车学习前须在智能驾驶模拟器上进行练习，教练则针对学员在模拟过程中出现的各类问题从旁辅助纠正。学员在智能驾驶模拟器上熟练操作后，即可坐上机器人教练车进行学习。

智慧驾培模式让以前的"一车一教练"变成"多车一教练"，减轻了教练的负担，大大提高了教学效率。智慧驾培模式在安全上也有极大保障。实车练习过程中，智能教练系统一旦监测到车辆四周有障碍物、行人，便会自动刹车，监测距离达到毫米级别。

由于现行关于驾培机构资质条件的国家标准仍沿用 2013 年制定的场地面积、车辆及教练员数量等刚性指标，尚未纳入教学设备智能化率等新参数，因此 2024 年，各地行业管理部门还未大面积推广智慧驾培，仍在继续推进智慧驾培试点工作，并在试点当中适当放宽了对驾校智慧教学部分学时计算的要求，以下是部分省市推进智慧驾培工作的动态。

（一）北京12家驾校试点人工智能驾驶培训

据统计，截至 2024 年北京市共有 70 家驾培机构从事机动车驾驶培训业务，共有教练场 33 处、教练员 9000 余名、教练车 10000 余辆。北京市驾培机构年培训量约为 50 万人。2019~2023 年共为 240 余万名学驾人提供了培训服务。

品质驾培、智慧驾培、绿色驾培，是北京市驾培行业的发展目标。为了提高服务质量，管理部门加强培训过程监管，通过安装车载计时终端、实行分钟计时规则等方法，防范偷漏学时行为。通过现场检查、信息化远程检查等手段，对驾培机构的培训情况进行日常监管。

在智慧驾培方面，全市共有 12 家驾培机构开展了人工智能驾驶培训教学试点，应用智能驾驶模拟器设备 400 余台、实车机器人教练设备 1000 余台。

（二）湖北鼓励驾校开展智能教学试点

2024 年 10 月 15 日，湖北省交通运输厅印发《关于进一步加强机动车

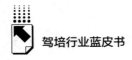

驾驶员培训管理工作的通知》，要求即日起至 2025 年 8 月 31 日，各地要巩固深化前期驾培驾考联合整治工作成效，做到"五个进一步"。其中，第一是要进一步压实驾校主体责任，严格按照国家标准和规定要求规范场地设置，规范驾校教练员、教练车、学员档案，鼓励驾校开展智能驾驶模拟器教学、机器人教练车应用试点。

（三）广东发布机动车"智能驾培"试点驾校名单

根据《广东省交通运输厅关于开展机动车驾驶"智能驾培"试点工作的通知》（粤交运字〔2023〕7 号），广东省交通运输厅组织开展了机动车"智能驾培"试点驾校遴选工作，深圳市深港机动车驾驶培训集团有限公司、清远市粤通机动车驾驶人培训有限公司等 12 家驾校列入广东省"智能驾培"试点的驾校名单，分别就"智能驾驶模拟器"试点和"机器人教练车"试点开展工作。

（四）重庆开展机动车驾驶培训智能机器人教学试点工作

为了贯彻《交通强国建设纲要》关于大力发展智慧交通的有关要求，进一步落实《机动车驾驶员培训管理规定》和《机动车驾驶培训教学与考试大纲》等有关规定要求，促进驾培行业转型升级，推动行业高质量发展，重庆市道路运输事务中心决定开展机动车驾驶培训智能机器人教学试点工作。

按照交通运输部"道路交通安全文明素质教育"交通强国建设试点工作任务，通过试点驾培机构应用智能机器人教学在制度建设、行业标准、降本增效、节能减排等方面的积极探索，构建驾驶培训智能机器人教学新模式，培育特色突出、品质精良、学员满意的智能驾培服务品牌。2024 年 8 月至 2025 年 4 月为区县集中试点阶段，而后再总结经验、研究措施、逐步推广。

（五）福建首家"智慧驾培试点示范基地"正式成立

2024 年以来，在福州市交通运输部门的指导下，连江县运管所积极开展机动车驾驶培训科目二智能教学试点工作。智慧驾培试点示范基地的建立，是连江县运管所贯彻落实《交通强国建设纲要》的具体实践，也是提升驾培服务质量和道路交通安全管理水平的重要举措。

福州市交通运输部门表示，将以群众对高品质驾驶培训的需求为目标，努力助推传统产业转型升级，促进驾培行业智能、绿色、高效发展。

（六）合肥深入推进模拟器智能教学试点

为了进一步规范驾培机构的模拟器智能教学试点工作，经前期调研、厂商技术对接，合肥市现已上线模拟器学时，按照《机动车驾驶培训教学与考试大纲》规定的总学时和内容要求，在保证培训质量的前提下合理调整模拟器驾驶、场地驾驶和道路驾驶学时。

智能教学让学驾更高效、更规范。模拟器智能教学囊括基础训练、科目二与科目三的全部训练项目及多种突发情况处置训练，配合语音讲解，学员可以更加高效地学习驾驶理论知识和实操技能，激发学车兴趣，更快地掌握驾驶要领，提高考试通过率，产生的模拟器学时将纳入监管平台记录。

下一步，行业管理服务部门将重点关注智能教学试点工作的推进情况，收集驾培机构和学员的意见和建议，不断优化完善智能教学设备的技术标准和应用规范，推动驾培行业数字化发展。

（七）西安将组织开展机器人教练车应用试点

为了深入贯彻落实《数字交通"十四五"发展规划》《机动车驾驶员培训管理规定》等文件的精神和要求，促进西安市驾培行业规范化、标准化、数字化转型发展，更好地满足学员数字化时代多元化、高品质的驾培服务需求，西安市交通运输局于 2025 年在西安市驾培行业启动机动车"智能驾培"试点工作。

试点驾培机构通过应用机器人教练车在制度建设、行业标准、降本增效、节能减排等方面积极探索，构建"VR+AI+实车驾驶训练"三位一体的智能驾驶培训新模式，打造特色突出、品质精良、学员满意的智能驾培服务品牌。

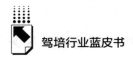

目前，交通运输局已结合驾培行业实际、学员需求、行业数字化发展，制定印发《西安市机动车驾驶培训智慧教学试点工作方案》。下一步，交通运输局将鼓励符合试点条件的头部驾培机构积极申报，按照"优中选优、分类推进、以点带面、多方联合"的原则确定试点，为学员提供智能、稳定、高效的教学服务。

（八）苏州驾培行业机器人教学系统应用试点工作取得新进展

根据江苏省交通运输厅印发的《关于开展机器人教学系统应用试点工作的通知》，苏州作为机动车驾驶培训机器人教学系统应用试点城市，按照试点工作要求和时间节点稳步推进试点工作。

试点工作开展以来，苏州印发了《苏州市机动车驾驶员培训行业机器人教学系统服务导则》，从范围和术语、功能要求、组织实施、安全保障与服务质量五个方面引导和规范机器人教学系统的创新应用。突破传统教学模式，部分代替人工教练员开展智能实车驾驶培训。设置智能监控中心，实时监控机器人教学车辆的运行情况，并具备与学员远程对话、制动和锁定车辆等功能。截至目前，全市第一批试点企业（共3家）已通过审核并正常运营，第二批试点企业培育工作已进入筹备阶段。

下一步，市交通运输部门将持续推进"机器人教练"的试点和推广，不断发展新质生产力，继续探索构建"AI+实车驾驶培训"的智能驾驶培训苏州新模式。

（九）恩施智能驾培应用试点超亮眼

在"科技赋能生活"的时代浪潮下，恩施的驾培行业正发生一场令人惊喜的变革。自2024年12月1日起，智能驾培应用试点项目火热启动，恩施遵循"政府引导、市场主导"原则，积极推动人工智能与驾培行业深度融合，为传统驾培行业注入了新的活力，初步构建起"科技赋能、先行先试"的行业发展新格局。

恩施智能驾培应用试点的每一步都严格按照《恩施州推进智能驾培试

点工作方案》这一"行动指南"推进。所有模拟器设备都必须经过专业机构检测，拿到"合格证书"。驾校还要配备独立场地和专业人员，只有通过行业管理部门的"严格验收"，设备才能正式"上岗"，并接入省级监管平台，实现学时数据实时核验。试点过程中，始终坚持学员自愿的原则，绝不允许强制学员接受智能培训模式，更不允许以智能培训服务为借口乱收费、变相涨价或降低培训质量。

目前，恩施31家驾培机构中，已有25家参与试点，覆盖率突破80%，累计投入155台智能驾驶模拟器。

（十）川南出现首个智慧驾培校区

2024年9月27日，四川省交通运输厅运管局印发《关于开展机动车驾驶智能教学试点工作的通知》，明确在泸州市、德阳市、广元市、内江市开展试点工作。目前，蓝泰驾校正在充分运用人工智能搭建交通安全知识及技能的学习教育平台，打造泸州市交通安全宣传教育基地。

2024年，经泸州市运管局多次指导，泸州蓝泰驾校率先探索智慧驾培之路，投入200余万元建成独立的智慧驾培校区，并于2024年4月正式投用，它是川南第一个建成智慧驾培校区的驾校。

智慧驾培校区将车载智能化电子教学系统引入教学，配备远程、微距回放等雷达车辆教学的"眼睛"，经数据回放，可具备语音提示、视频教学、轨道回放、精准纠错等功能，实现教学过程的数字化、智能化管理。目前，智慧驾培校区的学员科目二合格率达85%以上，远高于普通校区60%～70%的合格率。

六 行业协会活动开展及行业自律情况

（一）第十届全国驾培市场创新发展大会在济南举行

2024年5月27～29日，第十届全国驾培市场创新发展大会在山东省济

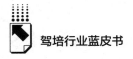

南市隆重举行，由中国交通运输协会主办，中国交通运输协会驾驶培训分会、中国交通运输协会培训中心承办，吸引了来自全国各地的驾培行业精英和业内专家共襄盛举，共同探讨驾培行业未来的高质量发展。

交通运输部运输服务司车辆管理处处长刘明君代表交通运输部运输服务司对大会的召开表示了祝贺，同时肯定了中国交通运输协会驾驶培训分会的工作。他认为，这是驾培行业思想碰撞的盛会，有效促进了驾培领域先进理念和创新实践的交流碰撞，搭建形成了高水平的合作交流平台。他还向与会代表提出了行动倡议：认真贯彻落实交通运输部、公安部、应急管理部三部门印发的《道路运输安全生产治本攻坚三年行动实施方案》，切实筑牢道路交通安全的第一道防线，为社会培养安全文明的高素质驾驶人；着力打造平安驾培、品质驾培、绿色驾培、科技驾培，进一步提升交通参与者的安全素养。

交通运输部运输服务司原一级巡视员王水平作为行业老专家、老领导，以及行业权威教材《安全驾驶从这里开始》一书修订工作组的组长，对当下驾培市场做了精辟的分析。他认为，我国的驾培市场中有一些东西在发生变化，有些本质的东西没有改变。譬如，家长对孩子安全的关注没有变，学员对知识技能的渴望没有变，社会对驾校的期望没有改变；希望广大驾培机构主动对标学员需求，挖掘市场潜力，调整经营策略，创新服务举措，为学员提供更多个性化、精细化、高品质的服务，做好素质教育，不断改进学员教学服务体验，用学员的口碑塑造品牌，打造行业发展的风向标。

此次年会主题是"行业共建与时俱进、市场焕新智慧赋能"，年会汇聚业内的顶级专家、精英和佼佼者，共同回顾发展历程，展望发展前景，交流了品牌营销、智慧转型的好方法、好经验。20多位行业专家和知名驾校校长围绕"高质量发展与驾培市场监管治理、发展新质生产力与智慧驾培建设运营、驾校全域营销与'00后'情绪价值营销"发表了主题演讲，分享了他们在驾培行业的成功经验和真知灼见。

年会同步进行蓝皮书《中国驾培行业发展报告（2024）》和团体标准《智慧型驾校通用技术要求》发布，并对首届交通运输行业机动车驾驶教练员教学服务大赛的参与单位和个人予以表彰。

（二）第八届全国驾培行业冬季年会在厦门举办

2024年12月6~8日，第八届全国驾培行业冬季年会暨驾校实干企业家大会在厦门召开。本次大会由中国交通运输协会培训中心、中国交通运输协会驾驶培训分会联合主办，旨在探讨驾培行业的新趋势、新挑战和新机遇，推动行业的高质量发展。大会汇聚了来自全国各地的驾培行业精英、专家学者、优秀企业家代表。

在主论坛演讲环节，来自全国各地的行业专家和企业家代表围绕驾培市场变化、驾校可持续发展战略、行业法律问题、市场趋势预测、提质增效等议题进行了精彩的主题演讲。专家们的无私分享，为与会者提供了丰富的信息和深刻的洞见。为了给行业更多赋能，大会还安排了两个平行论坛同时进行，分别是无人机与低空经济论坛、智慧驾校论坛。

（三）2024年新疆道路运输协会驾培行业年会在库尔勒召开

随着互联网、大数据、人工智能、低空经济的快速发展，驾培行业正面临前所未有的机遇与挑战。在新质生产力的赋能下，驾培行业正在向创新化、绿色化、智能化方向发展。为了积极探索新疆驾培行业在新质生产力驱动下高质量发展的新路径，促进驾培行业生态格局的重塑与升级，助力驾培机构做品质驾培、智慧驾培、绿色驾培、平安驾培，新疆道路运输协会于2024年11月8~9日在库尔勒市成功召开"2024年新疆道路运输协会驾培行业年会暨上汽大众驾培新质生产力驱动行业高质量发展研讨会"。来自各地（州）市交通运输行业主管部门、行业协会、驾培企业等的180余人参加了会议。

会上，自治区交通运输厅运输管理处副处长马俊表示，机动车驾驶员培训是培养安全文明驾驶员、夯实道路交通安全基础、保障道路交通安全的第一道防线。在会上，他介绍了全疆驾培市场情况，并从切实提升培训质量，守住安全底线；加强行业监管，规范市场秩序，全面开展驾培行业安全隐患排查治理；坚持科学创新，促进驾培行业高质量发展；发挥行业协会作用，

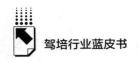

推动行业健康发展四个方面提出了推动驾培行业高质量发展的指导意见。

交通运输部公路科学研究院研究员曾诚通过远程连线为现场参会人员分析了驾培行业管理现状和存在的问题，并从市场进入、动态监管、招生报名、培训教学、人才队伍、培训服务等方面为参会人员解析了以信息化支撑行业未来发展的经验和做法。

中国交通运输协会驾驶培训分会刘治国秘书长，就如何面对当前驾培行业的机遇和挑战，通过对驾培市场的供给侧和需求侧进行深入分析，提出了提升价值链、整合服务链、延长产业链的应对之策，为参会人员指出了驾培市场的未来发展方向和趋势。

在论坛对话交流环节，刘治国秘书长与五位优秀的驾培机构负责人，围绕"驾校教学创新 服务创新 管理创新"的论坛主题分享了各自对驾校创新发展的独到见解和实践经验。论坛最后呼吁全行业要加强合作与交流，共同推动驾培市场的健康可持续发展。

（四）2024年浙江省机动车驾驶人培训行业协会会员代表大会暨年会在杭州召开

为了进一步发挥协会的桥梁与平台作用，增进会员单位交流，提升协会服务能力，促进浙江省驾培行业高质量发展，2024年12月13日浙江省机动车驾驶人培训行业协会会员代表大会暨年会在杭州顺利召开。

李超会长做了协会工作报告，报告回顾了2020年10月协会成立以来的工作情况，指出了当前行业存在的主要问题以及协会工作中存在的问题，提出了协会今后工作的指导思想和思路，指明了2025年协会的工作重点。

浙江省交通运输科学研究院工程师王思婕分享了驾培行业发展现状。她侧重介绍了全国及浙江省驾培行业的现状，重点从供给过剩、市场竞争、网络中介等方面分析行业存在的问题，基于学驾考一件事和智能教学试点介绍管理部门的政策导向。浙江交通职业技术学院航空学院章正伟院长分享了低空经济发展趋势，全面介绍了国家和省政府对低空经济的重视程度以及政策支持和引导措施，详细介绍了低空经济的营运领域，以及驾培行业在低空经济发展中的机会等。

浙江省公路与运输管理中心调研员沈忠强基于投诉量、信访量、咨询量三个方面数据以及驾校效益分析来说明浙江驾培行业的现状，提出浙江驾培行业下一步五个方面的主要工作，即推进学驾考一件事、开展驾培专项整治、落实新国标、试点机器人教练、推广新能源教练车。

（五）合肥市机动车驾驶员培训行业协会四届二次会员大会顺利召开

2024年12月20日下午，合肥市机动车驾驶员培训行业协会四届二次会员大会在明月东一国际大酒店顺利召开。王开荣会长做了《2024年工作报告》，全面总结了过去一年协会在行业自律、服务会员、推动改革等方面所取得的显著成绩。在行业自律方面，协会牵头组织签订《自律公约》，成立市场监督组和自律检查组，有效规范了市场秩序；在服务会员方面，为驾校提供政策咨询、业务指导，满足各类需求，深入调研并维护学员权益；在推动改革方面，积极协助车管所开展"学驾考一件事"改革，取得了一系列创新成果。

与会领导对大会的顺利召开表示了祝贺，对协会在过去一年所开展的工作给予了充分肯定，同时希望协会继续以服务为核心，以发展为目标，不断努力。要进一步加强党建工作，提高党员队伍素质，让党建工作成为协会发展的坚强后盾。要强化行业自律，严格规范会员单位的经营行为，维护公平竞争的市场环境。要不断提升服务水平，积极探索创新服务模式，满足会员单位和学员日益增长的需求。更要大力引导联合经营，推动资源整合和共享，提高行业整体效益和竞争力。

（六）漳州市机动车驾驶员培训行业协会2024年度会员大会顺利召开

2024年12月底，漳州市机动车驾驶员培训行业协会2024年度会员大会在漳州宾馆顺利召开。市运输事业发展中心、市交警支队考试中心相关领

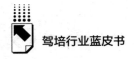

导及各区县驾培业务主管部门领导，以及会员单位代表等近 100 人参加了大会。

大会上驾培协会相关负责人回顾了协会近一年来取得的工作成绩，也指出了当前行业存在的一些主要问题，并提出了驾培协会今后的工作计划和 2025 年工作重点。面对当前复杂的行业发展形势，以及新质生产力快速发展带来的机遇和挑战，协会广大会员更要集思广益，共谋发展良策。

市运输事业发展中心分管领导对协会的工作给予了高度肯定。驾培行业面临供给过剩、市场恶性竞争等多重困境，2025 年亦是行业任务繁重的一年。希望行业协会及全行业驾培机构要加强合作与交流，谋求多方共赢的局面，共同推动驾培市场的健康可持续发展。

结　语

当下，随着人口结构转型、新能源汽车普及、智能驾驶技术加速落地，驾培行业作为连接交通体系与民生需求的重要纽带，在政策、市场的共同作用下，正面临巨大的变革压力，机遇与挑战并存、收益与风险同在。驾培行业负重前行，经历着自我的革新去旧与爬坡过坎。变，才有更多的可能；变，才有换道超车的机会；变，也需要驾培行业管理部门、驾培行业协会和驾培机构顺势而为、同向而行。

近年来，驾培行业作为传统行业，其中的广大从业者踔厉奋进，主动求变，开始了"驾培+互联网""驾培+人工智能""驾培+新能源车""驾培+低空经济""驾培+防御性驾驶培训""驾培+品牌营销"的创新。技术的改进和升级迭代正将新能源教练车和考试车推进渗透到驾培行业。譬如，人工智能的应用，从机器人教练到智慧驾校，从 DeepSeek 到机动车驾驶培训领域共享、共融、共创、共赢的人工智能应用生态重构，都将改变传统驾培。

在变化的大环境下，有一些东西是永恒的，比如我们肩负的培养安全文明高素质驾驶人的责任与使命，比如推动驾培行业的市场化、专业化、品牌化发展……驾培行业在变与不变之间，以政策法规为设计图，以中国大地为纸，以行动为笔，书写着自己独特的历史，也正在构建成熟期的市场生态。我们也期待更多的志同道合者，在失望中寻找希望，不失初心，不丢信心，进一步奋楫转型、创新发展，携手创造光明的未来。

本文作者为刘治国、熊燕舞、赵维祖、高雯、刘斌。刘治国，中国交通运输协会驾驶培训分会秘书长；熊燕舞，中国交通运输协会驾驶培训分会副秘书长、交通运输部科学研究院高级工程师；赵维祖，中国交通通信信息中心国交信息（北京）股份有限公司总经理；高雯，吉林省运输管理局从业资格培训管理科科长；刘斌，中国交通通信信息中心国交信息（北京）股份有限公司合作发展部经理。

B.2
2025年驾培行业发展预测

摘　要：　近年来，国家政策法规的制修订，尤其是对智能驾驶技术的立法，将深度影响驾培行业的长远发展。随着新能源汽车的普及以及《道路交通安全法》的修订，安全驾驶培训的内涵将得到延展；随着驾培行业运营标准日臻完善，驾校的连锁经营有望获得突破；随着延迟退休政策在驾培行业落地，驾校将迎来更多的机遇与问题；随着低空经济的发展，路空协同将拓展驾培行业新场景。展望未来，在需求侧，新增驾驶人数量会持续降低，退费问题会越发普遍，越来越多的新生代会同时考取"驾驶证"和"无人机飞手执照"，以及学员对驾校的教学服务性价比会有更高要求；在供给侧，区域市场集约化进程会加快，一费制班型将成为驾培市场的预收费主流，驾校专业化数字营销的重要性会愈加凸显，以及更多驾校会选择融入低空经济发展大潮。

关键词：　驾培行业　智能驾驶　低空经济　数字营销

　　随着汽车保有量的持续攀升和城市化进程的稳步推进，中国机动车驾驶培训行业正经历深刻变革，创新发展层出不穷、转型升级步伐加快。

　　当前行业发展面临的主要挑战包括：驾培市场的总需求在减少，价格战导致行业整体利润水平下降；适龄学车人口减少带来市场增长压力；新能源汽车和智能驾驶技术发展对传统培训内容产生冲击；驾培市场年轻学员需求升级；等等。2025年的驾培行业发展态势并不乐观，但机遇永远与挑战相伴相生。

一　国家政策法规对行业产生的影响

　　当下，随着人口结构转型、新能源汽车普及、智能驾驶技术加速落地，驾培行业作为连接交通体系与民生需求的重要纽带，正面临巨大的变革压力。尤其是近年来，国家政策法规的制修订，尤其是对智能驾驶技术的立法，将深度影响驾培行业的长远发展。

（一）从新能源汽车到智驾普及，安全驾驶培训的内涵延展

1. 新能源汽车渗透率进一步提高

中汽协的数据显示，2024 年新能源汽车累计销量 1286.6 万辆，同比增长 35.5%；其中第四季度新能源汽车销量 419.4 万辆，同比增长 32.2%。2024 年新能源汽车渗透率达 40.9%，再创历史新高，预计 2025 年新能源汽车全年销量将达到 1600 万辆，同比增长 25%左右。

如何发展智能网联新能源汽车成为全国两会代表委员重点关注的议题。全国人大代表，小米集团创始人、董事长雷军提出三项建议，包括推动充电设施互联互通、开展车载硬件技术协议标准化建设、鼓励车企开放智能生态。全国人大代表、广汽集团董事长冯兴亚则建议通过加大换电模式政策力度、加快统筹规划布局、逐步统一换电标准等多措并举加速推广新能源汽车。

随着科技的发展，新能源技术和人工智能已经逐渐渗透到我们生活的方方面面。在交通运输方面，驾驶员培训中的新能源教练车作为一种结合新能源技术与智能驾驶技术的先进教学工具，正悄然改变着驾驶培训的方式，引领着未来驾驶培训的新趋势。

新能源教练车的推进，不仅是对传统燃油教练车的革新，也是对驾驶培训理念的深刻变革。它采用了清洁、环保的新能源，有效减少了尾气排放，为保护环境贡献了力量。同时，其智能驾驶系统能够辅助学员更好地掌握驾驶技巧，提高学习效率，让驾驶培训变得更加高效、安全。

人工智能与新能源汽车结合下的智能教练车具备了更强的教学功能。通过精确的数据分析，它能够根据学员的学习进度和驾驶习惯，提供个性化的教学方案。这种因材施教的教学方式，让每位学员都能在最短的时间内掌握驾驶要领，提升了整体的教学质量。

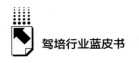

案例 1 鄂尔多斯鼓励更新新能源教练车

2024 年 7 月，鄂尔多斯市政府发布《鄂尔多斯市绿色交通发展实施方案》，指出要对全市各驾培机构更新新能源教练车予以购车补贴。截至 2024 年底，更新的新能源教练车占比为 23%，各驾培机构和学驾人员一致认为，使用新能源教练车不仅能大幅度节省燃油的消耗，还能以点带面促进消费扩大内需，有效开启鄂尔多斯"绿色智能驾培"的新篇章。鄂尔多斯市天安驾校是率先引进新能源教练车和机器人教练的培训机构，新质生产力在驾培机构的有效运用对于提升驾校培训质量起到至关重要的作用。该驾校在更新了新能源教练车和机器人教练后，每月的燃油支出和教练员支出仅为过去的 1/4。此举不仅能减少驾培机构的培训运营成本，助力节能降碳、降本增效，同时也能提高学驾人员的培训考试合格率。

展望未来，新能源教练车与人工智能的深度融合，会为驾驶培训领域带来更多的创新与突破。我们相信，在不久的将来，这种先进的教学工具将走进更多的驾校，为更多的学员提供优质、高效的驾驶培训服务。

政策环境的变化和智驾的推广宣传，给驾培行业带来了多方面影响。一方面，社会大众对新能源汽车有了更多共识，小车学员发生结构变化，报名学习自动挡小型汽车会越来越普遍。越来越多的学员会直接选择报名 C2，而不再纠结于非要考取 C1 驾照，预计两年内 C2 学员占小车学员的比例将逐步上升到 30% 左右。在国内一些发达城市，学习 C2 的学员占比已经超过 1/4。另一方面，新能源考试车以及配置有机器人教练的新能源教练车，将逐步获得行业管理部门和学员的认可，不少驾校在更新教练车的时候会优先考虑自动挡教练车和新能源教练车。

"2025 年全国驾培市场运行基本情况网络调查"第 19 题"当前及今后，贵驾校对驾培车辆设备有集中采购需求的是?"的调查结果显示，电动教练车的集中采购需求占比最高，达到 45.55%，超过了燃油教练车 6

个多百分点（见图1），显示出驾培行业对环保和经济型的新能源车辆的高度关注。

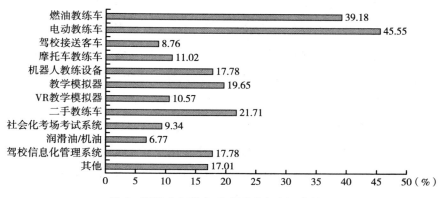

图1　驾培车辆设备采购需求占比调查结果

案例2　贵州吉源驾校积极探索绿色转型

作为贵州省驾驶培训行业的标杆，吉源驾校始终秉持"让出行更文明、更安全、更快乐"的使命，积极探索绿色转型路径。为了响应国家新能源汽车推广政策，该校于2022年引入纯电动教练车，车型与考试车辆完全一致，不仅为学员打造了更好的训练环境，而且在成本控制、教学安全及环保效益方面取得显著成果。

2024年运营数据显示，该校电动教练车全年总用电量为25333度，电费支出约2万元，累计培训学员677人。经测算，单个学员用电成本仅约30元，较传统燃油车200元的用油成本大幅降低83%，平均每位学员节约170元，全年累计节省能源及维护成本超11.5万元。此外，电动车辆无须频繁更换机油、火花塞等损耗件，日常维护成本进一步压缩至燃油车的1/3至1/2。而且，电动教练车的安全设计，有效降低了事故发生的可能性，从而降低了经济损失。这一系列数据直观体现了新能源车辆在驾培场景中的经济性优势。

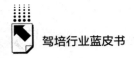

2.《道路交通安全法》修订助推智能驾驶规范化

近两年，政府工作报告均提及新能源汽车。2024年的政府工作报告指出实施产业创新工程，完善产业生态，拓展应用场景，促进战略性新兴产业融合集群发展，巩固扩大智能网联新能源汽车等产业领先优势。2025年的政府工作报告中，智能网联新能源汽车首次定位为"新一代智能终端"，意味着汽车将从"交通工具"向"智能移动空间"转变。随着汽车产业加速向智能化、电动化方向转型，行业竞争不断加剧，单一企业的技术突破已难以满足市场需求，能够建立更完善生态体系的车企或将引领下一阶段竞争。

多家车企提出"智驾平权"理念，意在用更少的钱，让大众享受到更高级的智驾功能。日前，吉利宣布推出"千里浩瀚"安全高阶智能驾驶系统，强调在智驾的基础上加大安全投入力度。近年来，多家车企把智驾当作产品最大的卖点，越来越多的消费者开始使用智能驾驶相关功能。使得不少老百姓误以为"智驾"来了，以后不需要考驾照或者驾照没有用了，静待自动驾驶。甚至，部分驾培行业从业者也对此抱有悲观的看法。

实际情况是，交通安全是永恒的主题，对新能源汽车智能驾驶的规范化将是下一步立法的重点。根据现有的法规，当前的智能辅助驾驶功能都属于L2级，L2级驾驶辅助是由驾驶者承担全部责任。也就是说，无论智驾系统是否给出警示，驾驶员都有义务和责任确保车辆行驶安全，而不是等着智驾系统报警才来接管车辆。

在智能驾驶车辆发生事故时，责任划分问题复杂，涉及制造商、技术提供方与用户，目前尚未有统一的法律框架予以规范。此外，数据隐私与网络安全问题也对法规制定提出了新的挑战。公众期待有关部门能够加强对智能驾驶技术的监管，制定更为严格的安全标准。

2024年8月27日，国新办举行"推动高质量发展"系列主题新闻发布会。针对无人驾驶、自动驾驶汽车的管理，公安部交通管理局局长王强在发布会上表示，公安部正在积极推动《道路交通安全法》的修订，对自动驾驶汽车的道路测试、上路通行、交通违法和事故处理相关责任追究等方面，都做出了详细规定。

当前，自动驾驶还只在可控范围的测试阶段，大规模的普及应用有待时日。智能驾驶技术的发展对当前的驾驶培训行业既是挑战也是机遇。随着自动驾驶汽车逐渐进入市场，驾驶培训的内容和方式也将必然发生重大调整。一方面，基础驾驶技能培训的需求可能会减少；另一方面，对智能驾驶系统监督、紧急情况处置等新型技能的培训需求将应运而生。

（二）驾培行业运营标准日臻完善，驾校的连锁经营有望获得突破

2024 年 6 月 18 日，全国道路运输标准化技术委员会发布通知，针对《机动车驾驶员培训机构业务条件》（计划号：20233512-T-348）和《机动车驾驶员培训教练场技术要求》（计划号：20232689-T-348）公开征求意见。目前，已经进入最后审查环节，预计 2025 年内将正式发布。

近年来，机动车驾驶员培训行业面临新的发展形势和发展需求，相关标准的部分技术内容与当前的新形势、新政策和新环境不够适应。一是国家发布实施了《交通强国建设纲要》《综合运输服务"十四五"发展规划》《数字交通"十四五"发展规划》《绿色交通"十四五"发展规划》等文件，驾培行业作为道路运输业的组成部分，也承担着响应交通强国战略实施，支撑道路运输安全、绿色和智慧发展与建设人民满意交通的历史使命。二是为了进一步开放机动车驾驶员培训市场，激发驾培市场活力，营造便利公平的市场环境，国家在机动车驾驶员培训行业持续深化"放管服"改革，推行了"取消教练员从业资格管理""机动车驾驶员培训业务由许可管理改为备案管理""优化道路货物运输驾驶员从业资格管理""准驾车型和驾驶证考试政策优化"等系列改革措施。三是驾驶学员呈现年轻化，多样化、个性化、品质化学驾需求明显增加。四是驾培市场竞争日益激烈。随着信息技术和科学技术的发展，网络远程理论教学、汽车驾驶模拟器、电动汽车教练车等新技术在驾驶培训行业中融合应用，为驾培机构实现降本提质增效、减少燃料消耗和污染物排放提供了有效的途径，为驾培行业发展带来新的动力。因此，需要通过修订相关标准，引导驾培行业发展由追求规模效益向更加注重质量效益转变，引导驾培行业向知识密集型、技术密集型和绿色低碳的现

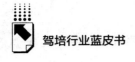
代化产业转型发展。

此次修订，有一些驾培机构关注的新亮点，如增加了分训场地的相关要求。其中提出，提供小型客货车类车型驾驶培训服务的驾培机构在具有一块符合相应等级教练场地面积及其单车道长度基本要求的独立教练场地的基础上，可在备案的行政区域内为小型客货车类、三轮汽车及摩托车类的车型驾驶培训设置分训场地，其中C1、C2车型对应的分校最小面积，全国统一的标准为10.5亩。

尽管最终发布的标准正式文件中内容可能还会有调整，但分训场地的推出是此次修订的创新之举，也顺应了驾培行业集约化经营的趋势。在当今学员大多希望就近学车、节省时间成本的市场需求引导下，允许驾校按照一定的标准开设分校，有利于优秀驾校进行小规模连锁经营布局，也有利于形成"良币驱逐劣币"的市场秩序。

根据"2025年全国驾培市场运行基本情况网络调查"第18题"以下哪些是您当下最关注的行业话题？"，有41.75%的驾校特别关注驾培行业区域连锁驾校或区域整合是否可行（见图2）。根据"2025年全国驾培市场运行基本情况网络调查"第13题"针对驾培市场的现状，2025年您对驾校的投资意向是什么？"，有10.63%的驾校表示在政策允许的情况下，考虑开设分训场，或增加场地或人员（见图3）。这说明，随着驾培行业进入成熟期，在新的系列标准加持下，驾培行业同城连锁经营有望获得突破和进展。

（三）教练员退休年龄将延长，总体利好驾校及教练员

2024年9月，十四届全国人大常委会第十一次会议审议通过《关于实施渐进式延迟法定退休年龄的决定》，批准《国务院关于渐进式延迟法定退休年龄的办法》。从2025年1月1日起，男职工和原法定退休年龄为55周岁的女职工，法定退休年龄每4个月延迟1个月，分别逐步延迟至63周岁和58周岁。职工达到法定退休年龄，所在单位与职工协商一致，可以弹性延迟退休，延迟时间最长不超过3年。

2025年5月8日，为了贯彻落实党中央关于实施延迟法定退休年龄的决策部署，在征求有关单位意见的基础上，交通运输部发布了《关于〈中

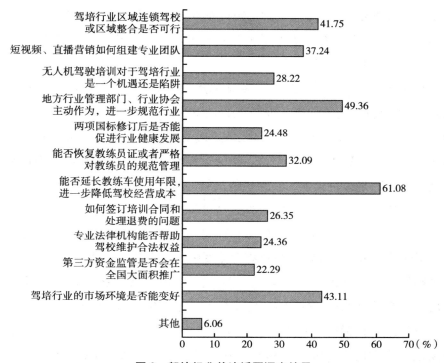

图2　驾培行业关注话题调查结果

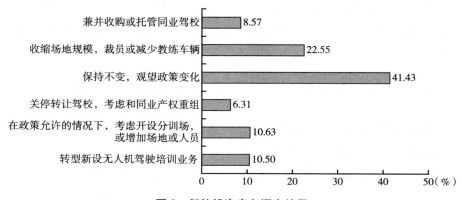

图3　驾校投资意向调查结果

华人民共和国道路运输条例》修订草案及 5 个配套部门规章修订草案公开
征求意见的通知》，其中提到"将经营性道路旅客运输驾驶员、经营性道路

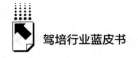

货物运输驾驶员、道路危险货物运输驾驶员、道路危险货物运输装卸管理人员和押运人员、驾驶操作教练员的从业年龄要求由'年龄不超过 60 周岁'修改为'年龄不超过 63 周岁'"。

此次修订的主要思路是：《道路运输条例》的现行规定已对道路客货运输驾驶员享受延迟退休政策造成制约，调整为授权国务院交通运输主管部门做出具体年龄规定，既可保持行政法规的稳定性、延续性，也可根据宏观政策和安全管理需要进行灵活调整。交通运输部在按程序修订完《道路运输条例》关于道路运输从业人员的年龄限制的规定之后，也将配套修订《机动车驾驶员培训管理规定》等相关部门规章。

对此，一方面，从制度到社会心理层面，都注定得接受"经营性道路旅客运输驾驶员、经营性道路货物运输驾驶员、道路危险货物运输驾驶员、驾驶操作教练员老龄化"的现实；另一方面，如何妥善把握好由此可能衍生出来的机遇和问题，同样需要驾校在不断的探索中寻求答案。

总体上，经营性道路旅客运输驾驶员、经营性道路货物运输驾驶员、道路危险货物运输驾驶员、驾驶操作教练员准教年龄上限的延长，是积极应对老龄化社会进程、顺应延迟退休政策实施的行动，也是劳动力资源结构变化之下必要的社会应变调试。这既需要驾校经营管理者观念的转变、积极的准备，也需要配套规则的衔接，相应的劳动者权益保障更应同步跟进。

（四）交通从二维到三维，路空协同拓展驾培行业新场景

2025 年政府工作报告提出，推动商业航天、低空经济等新兴产业安全健康发展。这是继 2024 年后，低空经济第二次写入政府工作报告。

围绕以路空协同推动低空经济等新兴产业安全健康发展这一话题，在全国两会召开期间，全国政协经济委员会副主任、交通运输部原副部长戴东昌接受了记者专访。在戴东昌看来，交通运输行业是低空经济发展的重要组成部分，应充分发挥先行引领和基础支撑保障作用。他强调，要通过地面交通设施与低空资源的深度融合，打造覆盖全国、标准统一的低空交通网络，避

免资源浪费和空域割裂、数据孤岛等问题。

目前，一些地方已经开始从廊道和网络层面开展地面交通和空中交通资源协同发展的实践探索。譬如，浙江省正沿交通廊道研究布局低空航路、通过"浙江省现代化交通产业集群试点"探索"交通+产业+临空+低空"协同，建设"智慧高速+低空交通"管理平台，将高速公路摄像头、雷达等监控设施升级为低空交通管理系统，实现无人机与地面车辆的安全监控和协同调度；山西省左权县开展飞行汽车太行山观光和上下山短途接驳，使之成为革命老区红色旅游新势能；成都正式投用全国首个阶梯式低空空域，建成低空交通管理服务平台一期，低空运营航线已超过70条。

在业内人士看来，2025年是低空经济商业化运营元年，而飞行汽车是路空协同发展的一大应用场景。广义的飞行汽车即eVTOL（电动垂直起降飞行器），是推动低空经济发展的重要力量。eVTOL与新能源汽车产业链高度重叠，有70%的核心部件与新能源汽车技术共性相通。

当前，多家企业在eVTOL产业链上展现出强大竞争力，头部企业已陆续完成产品的公开首飞，并获得可观的产品订单，商业化步伐提速。随着技术普惠、政策护航与生态协同的深化，曾被视作科幻产物的飞行汽车正加速"飞入寻常百姓家"，助力开启城市立体交通新时代。

传统车企加速跨界融合，助力飞行汽车商业化落地。广汽集团提出"智能移动服务商"转型目标，计划通过B端出行服务切入低空经济；长安汽车与亿航智能达成战略合作，预计2025年底完成首款飞行汽车试飞，并宣布未来五年投入超200亿元；小鹏汇天"陆地航母"以200万元预售价开启预售，成为全球首个实现分体式飞行汽车量产的企业。

专家认为，飞行汽车的发展将经历三个阶段。预计在2025年前后，飞行汽车为1.0发展阶段，载物飞行汽车开始商业化应用，载人飞行汽车则在特定场景下开始示范应用，逐渐开启低空交通新时代。预计在2035年前后，飞行汽车为2.0发展阶段，载物载人飞行汽车开始规模化应用，成为低空交通出行的主要运载工具。预计在2050年前后，飞行汽车进入3.0发展阶段，陆空两栖飞行汽车将实现大众化应用，电动智能汽车将实现立体化发展，构

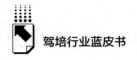

建起三维立体智慧交通体系。

这就意味着，在将来飞行汽车大规模应用的时代，操作员需要考一本汽车驾驶证和飞行操纵驾驶证。"路空一体"涵盖地面智能交通和低空智能交通，是飞行汽车与低空经济的核心纽带。由此可见，驾培行业是低空经济落地最好的场景之一。2025年，预计将有更多的驾校参与无人机飞手培训。

2025年网络调查第13题"针对驾培市场的现状，2025年您对驾校的投资意向是什么？"的调查结果显示，有10.50%的驾校愿意转型新设无人机驾驶培训业务（见图3）。全国目前有21000所驾校，如果有5%的驾校参与，这将是一个不可小觑的低空经济应用型人才培训力量。并且，对于将来参与驾驶飞行汽车的学员，相当于是提前在做布局。

再进一步来看，"2025年全国驾培市场运行基本情况网络调查"第17题"2025年，贵驾校对投资无人机驾驶培训业务的意愿？"的调查结果显示，受访者中33.44%的驾校愿意投资；其中，有23.71%的驾校有意愿并且愿意投资20万元以下，还有2.32%的驾校愿意投资50万元以上。加上已经开展的驾校，总共有接近40%的驾校对此非常感兴趣（见图4）。

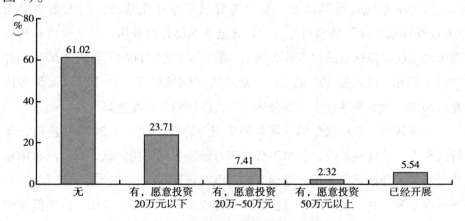

图4 驾校投资无人机驾驶培训业务的调查结果

二　驾培市场需求侧发展预测

中国驾培行业从无到有，从萌芽期到发展期，再到成熟期，已经有40多年的发展历程。驾培市场也从短缺到过剩、从卖方市场过渡到买方市场。所谓市场，从本质上讲是一个供需关系的集合体。当某些人或组织有购买某种商品或服务的意愿，并且其他人或组织有提供这种商品或服务的意愿时，就形成了一个市场。而驾培市场是机动车（包括小车、大车、摩托车）驾驶培训供求关系的集合。下面，就2025年全国驾培市场的总体情况和结构变化进行预测。

（一）新增驾驶人数量持续降低，可能降至2000万人以下

根据公安部公开发布的数据，截至2024年底，机动车驾驶人达5.42亿人，其中汽车驾驶人5.06亿人。2024年，新领证驾驶人2226万人，2023年新领证驾驶人2429万人（包含摩托车）。

忽略掉驾照注销人数及培训考试时间不同步的情况，2024年新领证驾驶人增量同比减少203万人，降幅为8.36%；汽车驾驶人只增加2000万人（5.06亿人减去2023年底的4.86亿人）。相当于说，近年来，摩托车每年新领证的人数约200万人。

如果把时间往前推10年，我们可以透过现象看到更本质的问题。我国的驾培市场总需求，在2015年达到空前绝后的水平（新领证驾驶人为3613万人）后，总体上保持下滑趋势（如图5所示）。

与此同时，国人持有驾照的饱和率持续上升，其中汽车驾驶人占比已经达到36%以上，相当于每100个中国人就有36个人有驾照。市场存量资源非常有限，主要依靠适龄的增量资源，其中以"00后"学员为主力生源。这种变化趋势，虽然和宏观经济环境有一定的关系，但驾培市场的下行趋势是确定的。在驾培市场不断萎缩的情况下，靠量取胜的难度会非常大，必须考虑如何从提高单个学员的利润角度发力。

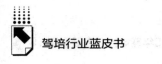

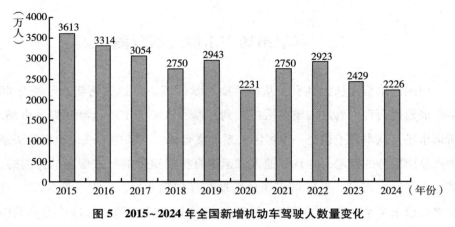

图 5　2015~2024 年全国新增机动车驾驶人数量变化

　　我们通过第 7 题"与往年相比较，2024 年贵驾校高考季招生人数变化情况？"这一题项的调查结果来进一步印证。结果显示，高考季招生人数下跌的驾校为 73.39%，其中下跌 10% 以内的为 17.01%，下跌 10% 以上的为 56.38%；上升的驾校不到 8%（见表 1）。

表 1　驾校高考季招生变化情况分布

选项	频次（次）	比例（%）
持平	296	19.07
上升 10% 以内	79	5.09
下跌 10% 以内	264	17.01
上升 10% 以上	38	2.45
下跌 10% 以上	875	56.38

　　现在，高考生已经成为驾校的最重要生源群体，是竞争的主阵地。2025 年的高考生，大多是 2007 年前后出生的适龄青年。随着人口年龄结构变化，驾培市场的高考季学车人数增长不可能获得更多突破。

（二）学员维权意识增强，退费问题成为行业投诉重灾区

　　近年来，随着学员的年轻化，之前一批驾校老学员的子女都开始学车，

年轻学员的父辈那些年踩过各种各样的"学车坑"，它们对新生代已经越来越不管用了。他们获取专业知识的渠道越来越多，自我意识高涨，维权意识越来越强。对于已经交给驾校的学费，哪怕有培训合同作为约束，只要他们决定退学，就都希望全额或者退还大部分学费，一旦和校方谈不拢，轻则向交通部门的12328，或者当地的市长热线12345投诉，重则向当地法院提起诉讼。

据山东齐鲁壹点的记者报道，2024年前5个月，济南受理的驾培投诉案件多达3609件，其中因服务质量导致的学费退还类纠纷为2556起，占比71%。

案例3　武汉东西湖法院退费案件

据金台资讯报道，家住武汉市东西湖区的小李在毕业后一直没有找到合适的工作，听说货车司机很抢手，于是向某驾校支付了9000元驾驶培训费，并签署了《武汉市机动车驾驶员培训合同》及补充协议，打算考个A照，之后找一份稳当的工作。

然而，小李在参加完科目一考试后，生病住院，被查出患有甲状腺功能亢进症、高血压病2级、2型糖尿病等疾病，医生认为他不适合驾驶货车。因此，小李多次要求驾校退还培训费，但双方就退款金额及流程产生分歧，多次协商未果后，小李将驾校诉至法院。

庭审中，小李表示，虽然双方签订的合同中约定因学员自身原因而不能按照预定时间参加培训考试的一律不退费，但他的情况属于因健康问题无法继续履行合同，并非恶意违约。他同意扣除科目一的考试费用，但希望驾校能够退还剩余的培训费用。

驾校认为，双方签署的合同及补充协议中明确约定了因学员自身原因而不能按照预定时间参加培训考试的一律不退费。因此，他们拒绝了小李的退费请求。

东西湖法院在受理此案后，经过审理认为，原被告签订的《武汉市机动车驾驶员培训合同》及补充协议合法有效。然而，考虑到小李提交的证据可

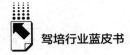

以证明他罹患可能影响驾驶的严重疾病，他通过培训获得 A2 类型驾照的合同目的实际已经无法实现。为了防止形成合同僵局而导致损失进一步扩大，从公平及效率原则出发，法院决定解除双方签署的合同及补充协议。关于退费问题，法院结合小李参加培训的项目、终止时间、培训情况等因素，酌情扣减 30%，判决驾校向小李退还培训费用 6300 元，并驳回了其他诉讼请求。

（资料来源：《交费容易退费难 法院判决获点赞》，金台资讯，https：//baijiahao. baidu. com/s？id = 1827535267201593051&wfr = spider&for = pc，2025年 3 月 25 日）

（三）高考生大学生"一学两证"的现象频出不穷

当前，高考是很多年轻人的人生分水岭，高考结束之后的第一件事往往是学习驾驶。学习机动车驾驶技能已经是刚性需求和全民共识，但自 2024年以来，越来越多的年轻人开始考取无人机飞手执照，而越来越多的驾校也布局无人机飞手培训业务，搭上了低空经济的头班车。

民用无人驾驶航空器综合管理平台（UOM）的资料显示，全国持有无人机操纵员执照的才只有 27 万人。根据专家预测，无人机操控员的人才缺口高达 100 万人。按照有关规定，只要符合年龄 16 周岁以上、70 周岁以下，无红绿色盲等妨碍安全驾驶的疾病及生理缺陷的公民就可以报名学习（培训对象大部分与驾校生源重合），无人机飞手执照考试也仿照机动车驾驶培训考试分为科目一、科目二、科目三等四个科目（培训流程基本和机动车驾驶培训一样）。

由于不少高考生年龄较小，暂时还不到机动车驾驶员执照考试要求的法定 18 岁年龄，但是符合无人机飞手执照考试的年龄标准，"技多不压身""以后好就业"，这些高考生中部分孩子很可能会利用最长的暑假，先考无人机飞手执照，到法定年龄后再考机动车驾驶员执照。因此，在申办了无人机驾驶培训资质的驾校，我们将会看到越来越多的大学生、高考生同时考取驾驶证和无人机飞手执照。

案例4 排长队参加无人机"驾照"考试，大中专院校学生占七成

"无人机应用场景比较多，考个证对毕业后工作有用""无人机可以运用在火场救援的现场侦查……抛投救生器材等方面""我纯粹是个人爱好，考个证方便以后玩无人机"……2025年3月27日，多名参加无人机驾驶员执照考试的考生解释考证原因。大河报·豫视频的记者了解到，当天近700名来自省内外的考生来到郑州考试，其中七成是大中专院校的学生，其他多来自武警、消防、电力等行业。

对于考证原因，多名考生给出不同的答案。"无人机应用越来越广泛，考个执照对以后工作有用处。"来自河南测绘职业学院的一名考生说，他在学校就学习和无人机相关的专业，考证是为了就业。"我们单位组织来考证，无人机可以运用在火场救援的现场侦查、水域救援抛投救生器材等方面。"考生杜子豪来自鹤壁市消防救援支队，他考证的目的是提升救援战斗力。

现场，大部分考生在受访时认为考个证可以帮助以后就业、工作。不过，也有考生说："家里孩子喜欢玩无人机，考证纯粹是个人爱好""持证上岗，不用担心工作中飞无人机被查到"。

另外，据光明网报道，在校大学生高同学称，自己目前就读于中国人民公安大学，计划在毕业之前，提前学习一下无人机操控，既为自己的技能"加分"，也能更好地迎接未来可能从事的工作。他相信，在未来的公安工作中，无人机操控应该会有比较多的应用。

（资料来源：《最近很火！拿证=月薪过万？郑州近千人排队考这个》，大河网，https：//mp. weixin. qq. com/s/wV5FBY39IgrXg5mEKgAwag，2025年3月28日）

（四）消费分级，学员对驾校的教学服务性价比要求更高

随着中国经济的持续发展和社会结构的不断演变，驾培行业已逐渐步入消费分级时代。这一时代的到来，并非意味着消费的单一升级或降级，而是

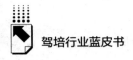

呈现多元化、多层次的消费格局,在一定程度上为人们的生活带来了新的变化,也为"让学车更简单快乐"赋予了多种内涵。

(1)大量消费者仍然注重性价比。他们在选择驾校和班型时会仔细比较价格和服务条款,寻找价格合理且性能满足需求的班型。这促使驾培市场上出现了许多以性价比为优势的品牌驾校和班型,如一些驾校推出的一费制、全包班型,通过兑现服务承诺,提供价格实惠且质量有保障的选择。

学员口中常说的"值",就是学员从驾校交付的教学、服务、环境等方面,获得视觉、听觉、味觉、嗅觉、触觉等维度良好的学车体验。"值不值",最终是学员总体的一种感觉,当他们的体验值大于期望值,大于所支付的学费成本时就值。

(2)随着消费者自我意识的觉醒和个性化需求的增长,个性化消费成为趋势。摩托车、C6房车、C2电动车培训等受到越来越多学员的青睐。驾校也可以通过大数据分析等技术手段,调整班型,做好市场细分,更好地满足学员的个性化需求,提供个性化推荐和定制化解决方案。

(3)大学生学驾市场与高考生学驾市场等社会市场存在消费差异。不同的消费水平直接影响大学生的日常生活习惯、社交圈子、消费观念和学车选择。例如,生活费较多的学生可能更倾向于报名高端班型或者品牌驾校,而生活费较少的学生则可能感到经济压力,选择便宜的驾校或班型。

"00后"成为主力客群,他们更加注重情感价值与社交货币,更有自主意识,尤其是高考生,他们也是"学驾二代"(父母辈曾经是驾校学员)。他们不仅可以通过互联网获得驾培行业和驾校的评价信息(比如通过小红书查看其他人的学车体验或短视频平台查看评论互动),也可以通过父母亲获得间接经验。

得益于改革开放带来的繁荣富强和父辈努力拼搏积累的财富,"学驾二代"不需要像"学驾一代"一样靠自己赚学费。但是,他们比父母辈要求更高,不但考虑贵不贵,而且考虑值不值。驾校不但要让"学驾二代"满意,还要考虑让他们的父母满意。

三　驾培市场供给侧发展预测

驾驶培训行业的智能化转型已成为不可逆转的发展潮流，这一变革主要由技术进步、政策引导和市场需求共同推动。2025年，人工智能、大数据、虚拟现实等前沿技术与驾培行业的融合将进入深化阶段，有望重塑传统教学模式与行业生态。

（一）退出门槛提高，区域市场集约化进程加快

经营驾校就是经营企业，做企业就有经营风险。驾校投入不算小，属于土地密集型、劳动密集型产业，也是社会化、市场化的行业。

十多年前转让驾校，仅仅资质就可能值几百万元，如果场地、车辆齐全，价格可能还要加倍。但在今天，驾校资质已如泥车瓦狗，还存在一定的退出壁垒（也叫退出障碍，是指企业在退出某个行业时所遇到的困难和要付出的代价），需要支付不菲的退出成本。

所以说，当前情况是驾校进入壁垒变低，驾校退出壁垒变高。不少驾校投资人不是不想退出，是没有办法轻易全身而退。而驾校退出后接盘的大抵都是当地优秀的同行，也就是所谓的头部驾校。办法有两种：一种是吸收合并，一种是新设合并（新成立驾培集团公司，然后再关停原先经营不善的驾校及场地）。

同时，因为驾培市场的不景气、竞争激烈，驾校的经营管理者对未来的期望值变低，心气也没有之前那么高，于是更愿意协商整合区域驾培市场或者开展产权合作。

如此一来，有利于区域驾培市场的集约化，事实上推高了驾校的集中度，有利于行业脱离恶性竞争，走向专业化、品牌化、集约化发展的正确轨道。

据河南省管理部门透露，截至目前，仅河南省内，就已有20所驾校实现了集团化经营，区域集约化进程明显加速。行业进入"强者愈强"的发

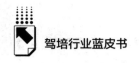

展阶段。

根据第 13 题"针对驾培市场的现状，2025 年您对驾校的投资意向是什么？"，有 8.57% 的驾校考虑兼并收购或托管同业驾校，另外有 6.31% 的计划关停转让驾校，考虑和同业产权重组（见图 3）。这进一步印证了区域驾培市场集约化的条件越来越成熟：一方面，有驾校愿意主动接盘；另一方面，有驾校主动脱手。当产权重组双方有了更多的共识时，接下来的并购重组合作就要简单顺畅得多，前期沟通的成本也会低很多。

（二）一费制班型风靡，将成为驾培市场的预收费主流

长期以来，许多驾校的收费是分次进行的。最多的时候名目有报名费、教材资料费，学时卡费用、学费、考试费、模拟练车费、补考费，交通费、看场费、空调费，等等。其中，有些费用是报名时预收的，有些费用是学车后收取的；有的是驾校收的，有的是教练员个人收的；有的是公开收的，也有的是私下收的。真真假假，假假真真，很多时候，学员都是雾里看花，将信将疑。

为什么会这样？因为驾培市场存在严重的信息不对称，学员对市场的真实信息不完全掌握，也不可能花特别多的时间去了解。

部分驾校经营管理者认为，现在驾培市场中存在"劣币驱逐良币"。有时候，学员不明就里，被一些低价圈套骗进去，低进高出。正规驾校却也蒙受了损失，流失了很多生源。反观品牌驾校，它们越来越多地顺应形势，开始推出一费到底的班型和收费模式，赢得了不少市场份额，起到了很好的示范引领作用。

"学车一费制"是促进驾培行业诚信经营、公平竞争，规范行业发展的有益之举，应该也必须是正规驾校打造品牌的阳谋，最好的套路是没有套路。

案例 5 铜陵市推行"学车一费制"与资金托管

2025 年 4 月 1 日起，铜陵市正式上线运行铜陵驾培公众服务平台客户端"铜都学车"微信小程序。今后，在学员报名交费前，驾校需对培训全

流程的所有收费项目和收费标准向学员一次性告知。学员通过"铜都学车"微信小程序（或 App）一次性交存托管学费，驾校及教练员不得再进行二次收费或以押金、保证金、加油费等巧立名目收费。

据统计，近年来该市驾培领域投诉反映的问题 80% 以上是退费纠纷。在传统培训服务模式下，学员在培训前需将学费一次性预交给驾校或教练员，一些驾校投机取巧，先以低价招生，后二次或多次收费，遇有退费纠纷，学员往往缺乏话语权。

"学车一费制"后，培训费由第三方托管，会按照学员完成的培训阶段向驾校划扣，化解驾培资金运行风险，学员不必担心"退费难""退费慢""学财两空"等问题，学员重获驾培消费的主动权。

（资料来源：《驾培行业新政 4 月起实施——"计时制"保质保量 "一费制"公开透明》，驾校好教练，https：//mp. weixin. qq. com/s？＿＿biz＝MzIzMDAzOTI4MA＝＝&mid＝2649469694&idx＝1&sn＝47b035929a33143dcd2f847e90098db1&chksm＝f104079075639b6e3b12ebe97b2cc255f09324122e23a9aeaf903af280e33a256cf014d27b88&scene＝27，2025 年 2 月 18 日）

（三）营销升级，驾校专业化数字营销的重要性凸显

在驾培市场进入存量竞争的年代，驾校对生源的竞争取代了对资源的竞争。尽管驾培行业的经营管理者都很重视营销，但绝大部分驾校过度依靠教练员招生，在学员年轻化和新媒体营销越来越专业化、精细化的当下，驾校非常有必要进行营销升级。

驾校如果没有互联网资源和手段，很容易在这场数字化潮流中迷失方向。想要让自己的网络推广在市场竞争中占据上风，尽早建立专业化的营销团队，正确构建全网营销、全域营销推广体系生态链尤为重要。

（1）建立专业团队入驻社交媒体平台，挑选优秀的客服人员和教练员建立矩阵组成新媒体营销委员会，可以达到"四两拨千斤"的效果。

（2）指导和制定全面的数字营销策略。驾校需要有一支专业团队不断

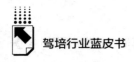

创新营销内容和形式，制作吸引人眼球的广告、视频、文章等，吸引用户关注和参与，提高品牌曝光度和用户互动率，以实现多渠道的品牌推广和营销效果最大化。

（3）持续改进学员体验和教学服务以提高竞争力。驾校应该注重数据的收集和分析，通过数据挖掘和分析工具，深入了解学员需求和行为，为营销决策和经营战略提供科学依据。同时，驾校应该关注用户体验，提供便捷的教学体验和个性化的服务，进一步提高学员满意度和忠诚度，从而提升市场竞争力。

总之，前些年大部分驾校所得到的生源增长，大部分由政策机会和时代红利带来，由市场需求爆发驱动导致。而今，驾培市场总体需求萎缩，必须依靠驾校全员营销尤其是专业化数字销售来驱动。

（四）转战空域，更多驾校融入低空经济发展大潮

在国家和地方政策对低空经济大力支持的机遇之下，驾校开拓开展无人机驾驶培训事业恰逢其时。无论是寻求自身经营效益的突破，转移过剩的培训能力，还是多元化发展，开拓新的市场版图，无人机驾驶培训都是驾校转型升级比较好的途径和出路。

驾校选择无人机驾驶培训商业模式，有利于发掘现有资源（训练场地、理论教室、电教设施、教练师资等）潜力，有利于实现业务和服务协同，实现资源价值的再次开发、利用。

驾培行业如果要转型从事无人机驾驶培训也有天然的优势。第一，业务模式熟。机动车驾培与无人机驾驶培训业务模式相近，教学服务比较类同，易于共用。第二，资金投入少。无人机驾驶培训教室、无人机驾驶模拟教室、无人机驾驶室外体验场和训练场均可以有效利用原有场地。第三，品牌实力优。驾校现有的营销招生体系和老学员的口碑，也是开展无人机驾驶培训可以共享整合的资源，相比其他现有机构，块头大、实力优，可以快速建立信任，大大节省营销费用。第四，人脉资源广。大部分驾校的经营管理者和当地政府部门的关系比较融洽，这对今后的招投标业务非常有利。第五，

经营互补强。无人机驾驶培训是和机动车驾驶培训相关的业务，相得益彰，相辅相成。

随着国家对发展低空经济的支持力度逐渐加大，无人机驾驶培训不失为驾校转型升级的新路径。在国内，已经有不少驾校开始探索发展，南京谷峰驾校、南昌白云驾校等都已经取得了资质，成功开展了无人机驾驶培训业务。

不足之处在于无人机驾驶培训市场规模相比机动车驾培市场过小，对空域有要求（具备空域条件的驾校可以酌情发展），目前客户基本以行政、企事业单位为主，也包括少数社会散招学员。

结　语

驾培行业的政策环境、社会环境、经济环境、技术环境等时代发展大背景已经从政策主导型变成市场主导型。驾培行业"放管服"加速推进，市场化纵深发展，备案制取代许可制，千禧一代的学员逐渐取代了"70后""80后""90后"学员。

驾培行业的成熟期比较漫长，目前尚不具备短期回暖的市场条件。市场供需关系调整到比较平衡，需要通过残酷的优胜劣汰出清过剩"产能"、落后"产能"，这个进程预测至少需3~5年的时间。

当下，区域驾培机构如果能够傲然挺立、逆市发展，一定得益于行业管理部门的作为或行业协会的努力，得益于当地驾培机构投资人成行成市、同行同行的格局和共识，得益于当地的人口基数和经济发展水平，得益于驾校经营管理团队的精益求精。

2025年，能存活下来的驾校不再是"最大的"，而是"最懂市场且最顺势而为的"，是以学员为中心、注重专业品牌营销的驾校，是持续做好精细化管理和提供优质教学服务的驾校，是向智慧驾培转型的驾校，是抱有长期主义的驾校。

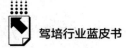

　　本文作者为刘治国、熊燕舞、叶楠楠、王晓荣、贾东海、王欢、周永川。刘治国，中国交通运输协会驾驶培训分会秘书长；熊燕舞，中国交通运输协会驾驶培训分会副秘书长、交通运输部科学研究院高级工程师；叶楠楠，吉林省运输管理局从业资格培训管理处从业管理科副科长；王晓荣，内蒙古自治区鄂尔多斯市交通运输服务中心副主任；贾东海，中国交通通信信息中心国交信息（北京）股份有限公司业务服务部副经理；王欢，中国交通通信信息中心国交信息（北京）股份有限公司业务服务部业务经理；周永川，广东驾来也科技有限公司董事长。

行业管理篇 ⤵

B.3
机动车驾驶员培训网络远程
理论教学现状分析与发展建议

摘　要：　网络远程教学具有灵活性、高效性、交互性等特点，采用网络远程教学方式对机动车驾驶员以及其他道路运输从业人员进行培训教学已经成为交通运输行业的通行做法。当前，机动车驾驶员培训网络课程存在学时严重不足、教学内容和知识体系不完善、内容讲解不深入、教学模式枯燥乏味等问题。对此，本文建议从提升教学平台功能与性能、优化网络课程内容、加强运营服务管理等方面入手，促进机动车驾驶员培训网络远程理论教学的规范发展。

关键词：　交通安全　机动车驾驶员培训　理论培训　网络课程

一　引言

随着互联网技术、模拟仿真技术与交通运输行业的深度融合发展，采用网络远程教学方式对驾驶员以及其他交通运输从业人员进行培训教学成为交通运输行业的通行做法。早在 2010 年，江苏、福建等省份的部分地市已经在道路运输驾驶员的继续教育中开展试点应用；2011 年，交通运输部印发的《道路运输驾驶员继续教育办法》（交运发〔2011〕106号）中，明确了驾驶员的继续教育可采用网络远程的形式开展；2015年，《国务院办公厅转发公安部交通运输部关于推进机动车驾驶人培训考试制度改革意见的通知》（国办发〔2015〕88 号）鼓励采取远程网络教学、多媒体教学、交通事故案例教学、交通安全体验等多种方式，促进理论知识培训与实际操作训练交叉融合，提高驾驶培训专业化、系统化水平；2017 年 12 月，交通运输部印发《机动车驾驶培训网络远程理论教学技术规范》（交通运输部 2017 年第 64 号公告），对机动车驾驶培训网络远程教育平台的建设、运营和管理，以及远程教育平台内教学课程（课件）的制作与管理进行了规范。伴随信息技术的发展，网络远程教学在道路运输从业人员的培训教育中得到广泛应用。

实施网络远程教学的关键是有高质量的网络课程，网络课程是按照国家有关规定和教学大纲要求而设计的完整教学单元。当前，我国虽然建立了完善的道路运输从业人员培训体系，但实际上并未实现管理上的闭环，仅有教学大纲，对有关培训机构组织实施培训教育的规范性方面（如课程和内容是否符合培训教学大纲要求）的管理有待进一步提升。在这一方面，部分国家采取了相应的管理措施，如英国培训机构的商用车辆驾驶员继续教育课程要经有关行业部门许可后才可以开展；美国内华达州、印第安纳州等州的驾驶培训学校的培训课程体系在市场准入许可时一并作为许可条件之一报车辆管理局进行审批。

当前，我国大部分省份的机动车驾驶员培训、道路运输从业人员的安全培训等均采用网络远程教学方式。基于此，本文结合当前理论培训的网络远程教学现状，以机动车驾驶员培训实际需求为出发点，提出针对机动车驾驶员理论培训网络课程的建议，以促进机动车驾驶员理论培训网络课程的发展，为各地开展理论培训网络远程教学提供支撑。

二 网络远程教学概述

（一）网络远程教学的特点

网络远程教学具有灵活性、高效性、交互性等特点。

（1）灵活性。一是学习时间和地点的灵活性。学习者不受时间、地域的限制，能更好地利用碎片化时间来进行课程的学习。二是学习进度的灵活性。学习者可以按照自己的需要自主安排课程内容的学习进度。如果对课程内容掌握不足，学习者可以反复地观看网络课件，直到掌握相关知识为止。三是表现手段的灵活性。网络课程不但可以使用文字和图片，而且可以利用视频、音频手段表现课程内容，使课程更加生动有趣。

（2）高效性。知识是不断更新和发展的，某些专业领域的新技术、新知识更新速度很快。使用网络技术可以将各种最新信息和知识要点编入课程，并对现有信息和课程内容进行编辑和管理。随着课程的实时发布，学习者可以即时得到最新的信息和最新的课程内容。

（3）交互性。交互性是网络远程教学显著的优势，通过交互响应模块，教师和学习者之间、学习者和学习者之间能以多种形式在网上即时沟通、讨论，由此构成立体交叉的虚拟交流空间。

（4）个性化。每一位学习者可根据自己的知识水平和兴趣，有目的地选择学习的难度和学习的科目。网络课程将传统意义上的授课、教学拓展为一种服务，从而提高课程的利用率和学习者的学习效果。学习者可以通过上网学习，及时得到反馈信息；他们可以将学习中遇到的难点、重点提交给系统，在以后的学习中，系统将有计划、有目标地提示学习者重点和难点部分，帮助学习者不断巩固知识，从而有效提高学习的效果与效率，实现真正的差异化教学。

（5）学习资源丰富。网络中存储了大量的教学资料，学习者可以自主选择授课教师和学习内容。

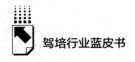
（6）成本效益较高。相比传统的线下培训，网络远程教学减少了场地租赁、交通等费用，降低了培训成本，同时也提高了培训资源的利用效率。

（二）网络远程教学模式的构成要素

网络远程教学的开展需要教学内容、教学环境、师生角色等要素的支撑。

（1）教学内容。网络远程教学的备课量很大，需要将知识组织成教学课件。课件的基本组成单位是网页，网页之间以超链接的方式连接，学习者可利用检索功能，学习特定的课件。从网络资源的开发模式来看，课件的作用不再局限于课堂教学的辅助工具，而是成为课程教学的主体，为学习者的交流提供空间。

（2）教学环境。教学环境是网络，学习者可以通过网络进行学习和讨论。

（3）师生角色。传统教学活动中以教师为中心的形式已经不适合网络远程教学，现如今网络远程教学是基于建构主义学习理论下的教学形式。这种学习理论强调以学习者为中心，不仅要求学习者由外部刺激的被动接受者和知识的灌输对象转变为信息加工的主体、知识的主动建构者，而且要求教师由知识的传授者、灌输者转变为学习者主动建构知识的帮助者、促进者。

（三）网络远程教学的理论框架

网络远程教学强调以学习者为中心，突出学习者的主体地位，所以整个教学设计都是围绕学习者展开的，力求使学习者得到合理的指导与帮助。理论框架见图1。

（1）对学习者的引导。由于学习者的认知水平和网络操作能力参差不齐，因此有必要在学习活动开始之前，让学习者了解整个网络课程，教会他们使用该门网络课程。因此应该设计网络课程的使用简介、说明和帮助，指导学习者正确、高效使用网络课件。

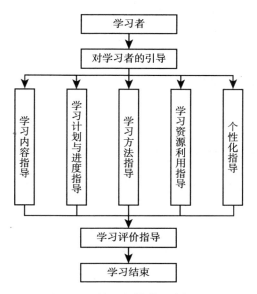

图1　网络远程教学理论框架

（2）学习内容指导。学习者在学习网络课程的过程中，因为缺乏传统教师角色的存在，可能很难把握学习目标、学习任务以及学习的重点难点等，因此在课程设计时应明确学习目标与任务，同时应提供重点难点详解，帮助学习者提升学习效果。

（3）学习计划与进度指导。应向学习者提供教学计划，以便学习者合理安排学习时间及进度。同时，还可以帮助学习者制订学习计划，督促其在计划时间内完成学习。

（4）学习方法指导。应根据教学内容的特点，结合学习者自身的情况，提供学习方法和策略。

（5）学习资源利用指导。网络课程应提供与课件紧密相关的视频资源、网站资源等学习资源，帮助学习者更加有效地利用资源。

（6）个性化指导。由于网络学习者千差万别，因此应考虑个体差异。网络课程可提供问题解答服务，当学习者陷入困境时，可在问题解答服务区提问，以及时获得个性化指导。

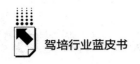

（7）学习评价指导。当学习者完成全部学习任务或阶段性完成学习任务时，网络课程可提供知识测试，促使学习者对所学内容进行总结。

三　机动车驾驶员培训网络远程理论教学现状

实施网络远程教学最关键的技术包括以下三个方面：一是教学平台，其是实施网络远程教学的基础，包括实施网络远程教学的硬件设施和虚拟教学平台；二是网络课程，其是网络远程教学的核心，网络课程的内容直接影响学员对交通安全知识的掌握情况；三是信息通信技术，其是教学平台正常运作的基本保障。

当前，机动车驾驶员培训网络远程理论教学平台和信息通信技术已日益成熟，影响机动车驾驶员培训网络远程教学的关键因素是网络课程。据调研，目前为机动车驾驶员培训行业提供网络远程理论教学技术服务的单位众多。以初学驾驶员和道路运输驾驶员的网络远程教学为例，目前我国为初学驾驶员和道路运输驾驶员提供网络远程教学的企业有200余家，大部分技术服务单位都是同时开展网络教学平台和网络课程的建设，缺少专业的课程研发团队，网络课程研发水平参差不齐，网络课程与教学大纲一致性差、知识体系不完善、知识点细化不足、表现形式不恰当、画面内容与配音内容不匹配，影响学习效果。总体来看，机动车驾驶员培训网络课程主要存在以下问题。

一是部分技术服务单位制作的网络课程学时严重不足，未能达到机动车驾驶员培训教学规定的课程学时标准。

二是部分技术服务单位制作的网络课程教学内容和知识体系不完善。教学大纲明确要求了每节课程的教学项目和教学内容，部分技术服务单位制作的教学课程却存在教学项目和教学内容缺失的情况，导致学员对理论知识掌握不充分。

三是网络课程知识内容讲解不够深入，停留在表面。例如，对"疲劳驾驶"的讲解，只讲述驾驶员不应疲劳驾驶，而未对疲劳驾驶的原因、危害以及预防等内容进行深入讲解，这样粗浅的授课形式很难让学员深刻认识到疲劳驾驶的严重性。

四是当前网络课程大部分采用 PPT 教学或单独聘请教师进行录课，教学模式枯燥乏味，缺乏趣味性和吸引力。

四　机动车驾驶员培训网络远程理论教学建议

（1）教学平台方面。提升教学平台功能与性能，确保教学平台具备完善的学习功能，如课程播放、在线测试、学习进度记录等，为学员提供个性化学习指导，同时要优化用户体验，提供流畅的播放效果和便捷的操作界面。优化教学平台的技术性能，确保其能够稳定运行，支持大量用户同时在线学习，避免出现网络卡顿、教学平台崩溃等问题。增强平台的安全性，保护学员的个人信息和学习数据，防止数据泄露。推动教学平台互联互通，实现课程资源共享和学分互认，方便学员在不同教学平台之间自由切换和学习。

（2）网络课程方面。一是网络课程学时不少于教学大纲的学时要求，每学时所对应的学习内容时长不应少于 45 分钟；二是教学内容至少涵盖教学大纲与《机动车驾驶培训网络远程理论教学技术规范》中规定的知识点，教学内容讲解准确、规范，知识内容合理、系统；三是动画和视频形式的学习内容时长占总时长的比重不低于 70%，教学录像形式的学习内容时长占总时长的比重不超过 30%；四是教学内容编排合理，素材选取与课程内容相匹配，重难点突出，内容安排合理；五是网络课程能采用故事、案例、游戏、模拟、提问、矛盾、冲突等适当的策略提升课程趣味性。

（3）师资方面。一是加强师资培训，提高教师的网络教学能力，鼓励教师参加行业研讨会、学术交流活动等，及时了解交通运输行业的最新动态和发展趋势，提升自身的专业水平。二是建立师资共享机制，建立网络远程教学师资库，实现优质师资的共享。通过师资共享，让更多的学员接受高水平教师的授课，提升学习效果。鼓励高校、科研机构与培训机构合作，选派

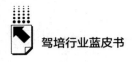

优秀教师参与网络远程教学，为学员提供高质量的教学支持。

（4）运营方面。加强运营服务管理，教学平台运营服务商应提供7×24小时的在线客服和电话服务，及时解决学员在学习过程中遇到的问题。同时，建立学员投诉处理机制，确保学员的投诉能够得到及时受理和处理。定期收集学员的反馈意见，对教学平台和课程进行优化和改进，提升学员的学习体验。

（5）监管方面。建立健全监管机制，加强对网络远程教学平台和课程内容的审核与监督，确保其符合法规和标准要求。对不符合要求的平台和课程，应责令整改或停止使用，保障学员的权益。同时，建立科学合理的评估体系，对网络远程教学的效果进行定期评估，通过评估结果指导教学内容和方式的调整。

（6）应用方面。一是促进校企合作，加强院校与培训机构、课程制作单位的合作，共同开展网络远程教学工作，实现资源共享、优势互补。推动校企联合开展交通运输理论培训的研究与创新，探索适合行业发展的教学模式和课程体系。二是加强行业推广，通过行业协会、学会等组织，加强对交通运输理论培训网络远程教学的宣传推广，分享网络远程教学的成功经验和案例。

参考文献

［1］杨俊灵：《互联网环境中远程教学系统的网络安全问题探析》，《数字技术与应用》2024年第7期，第80~82页。
［2］任佩佩：《基于互联网的远程教育支持服务模式分析》，《电子技术》2023年第12期，第152~153页。

本文作者为刘畅、孟兴凯。刘畅，交通运输部公路科学研究院助理研究员；孟兴凯，交通运输部公路科学研究院副研究员。

B.4
计时培训学时管理长效机制

摘　要：　"计时培训计时收费、先培训后付费"的服务措施，是提高培训质量、保障道路交通安全、促进行业健康发展的重要举措。但在实际推进过程中，培训学时失真、信息共享不畅等问题频出，如何做好学时管理已成为各部门无法绕开的现实问题。本文认为，一方面要推进学时管理"一张网"；另一方面，要建立学时管理长效机制，共同维护健康有序的驾培市场。

关键词：　计时培训　学时管理　学时造假

近年来，随着汽车技术进步和汽车普及率的上升，人民群众学车需求持续旺盛并日益多元。为适应新时代驾培驾考形势，《机动车驾驶培训教学与考试大纲》（以下简称《教学大纲》）在教学内容、教学目标、教学方式等方面均进行了优化调整。

据公安部门统计，全国每年新注册登记机动车和新领证驾驶人数量均在2000万～3000万，截至2024年底，全国机动车保有量达4.53亿辆；机动车驾驶人达5.42亿人。随着机动车保有量的不断增加，驾驶培训需求也在持续稳步增长，但培训质量和服务水平并未随着时代的发展而提升，"新手"的交通违法率和交通事故率居高不下。究其原因，主要是驾培机构在驾驶培训过程中未按照《教学大纲》进行培训，存在培训内容不全、学时管理不规范不到位、信息共享不畅等问题。

因此，加强机动车驾驶培训学时管理与信息共享长效机制建设，深化各

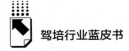

要素协同，构建全链条服务，对于提升驾驶培训质量、保障道路交通安全具有十分重大的意义。

一　现状分析

《国务院办公厅转发公安部交通运输部关于推进机动车驾驶人培训考试制度改革意见的通知》（国办发〔2015〕88号）要求推广使用全国统一标准的计算机计时培训管理系统，建立省级驾驶培训机构监管平台，强化对培训过程动态监管，督促落实培训内容和学时，确保培训信息真实有效。推进驾驶培训机构监管平台与考试系统联网对接，实现驾驶培训与考试信息共享，确保培训与考试有效衔接。

为加强机动车驾驶培训管理工作，规范驾驶培训教学行为，提高驾驶培训质量，2022年交通运输部、公安部印发《机动车驾驶培训教学与考试大纲》，《教学大纲》明确规定了各车型基本学时要求，其中每学时为60分钟，有效学时不得低于45分钟。机动车驾驶培训实行学时制，按照学时合理收取费用。对每个学员的理论培训时间每天不得超过6学时，实际操作培训时间每天不得超过4学时。驾培机构应当按照《教学大纲》制订教学计划，开展培训教学活动。

（一）全国学时对接地区情况

1. 已实现学时对接的地区

截至2024年，全国共有18个省份实现了驾驶培训机构监管平台与公安交管12123考试系统的对接，包括北京、辽宁、福建、海南、宁夏、重庆、江西、内蒙古、广东、黑龙江、河南、江苏、浙江、上海、山东、云南、湖南、安徽①。

其中，北京、辽宁、福建、海南、宁夏、重庆、江西、内蒙古、山东等

---

① 结论来自"2025年全国驾培市场运行基本情况网络调查"第15题。

14个省份实现了省级层面的系统对接；江苏、浙江实现了各地市级层面的系统对接；上海的驾驶培训机构监管平台与公安部门同步了学员学车报名信息，并形成联动机制；山东、广东实现了培训记录全省范围内共享，学员在省内任一驾校的培训学时记录均可实时上传至省级监管平台，方便学员异地培训。

2. 部分未全面实现学时对接的地区

天津、甘肃、河北的驾驶培训机构监管平台向公安交管部门传输了数据，但公安交管部门并没有启用学时对接；吉林、西藏尚未完成省级驾驶培训机构监管平台的建设。

（二）存在的主要问题

1. 对接进展缓慢

一是对接工作进展迟缓，存在"下动上不动""个别动整体不动"或对接后又断开的情况。二是缺乏"全省一盘棋"乃至"全国一盘棋"的部署和行动，导致训考联网对接工作推进困难，协同监管成效不高。

2. 部门协同缺失

一是主管部门之间缺少互信。交通部门对培训学时监管不到位，公安交管部门怀疑培训学时信息造假，不予认可。二是培训机构与考试管理部门之间缺乏沟通，监管信息不能有效交换，《教学大纲》难以落实，培训质量难以保证。三是区域学时要求不一。一些地区对学时要求较为宽松，甚至不计学时，学员可以在较短时间内完成培训或先约考再培训；而另一些地区则对学时要求较为严格，学员需要达到规定的学时甚至更多学时才能完成培训。部门协同缺失影响了行业形象，为"黑驾校""黑培训窝点"提供了生存空间，也为"考证移民"带来了"商机"，整个培训市场乱象丛生。

3. 技术与管理手段匮乏

一是技术手段不足。部分地区驾培机构使用的学时管理系统功能不完善，无法有效防止学时造假。二是责任主体缺失。驾培机构不能承担培训主

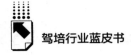

体责任，放任教练员生产假数据、违法上传假数据。有的驾培机构甚至要求服务商降低执行技术标准，进行数据造假。三是监管不到位。有的业务主管部门认识不到位，监管力量有限，措施不力，难以对驾培机构的学时执行情况进行有效监督。

4. 市场竞争不规范与培训质量不高

一是企业认识不到位，对计时培训存在抵触情绪，有的甚至组团反对计时培训。特别是一些取得竞争优势地位的头部企业，只想维持现状，没有规范经营意识。二是教学日志缺失，培训记录不规范，有的驾培机构伪造培训记录来应对监管部门的检查。三是结业考核不严格。《教学大纲》要求每部分内容培训结束后，应对学员进行考核。培训考核是检验学员学习成果的重要手段之一，而在实际执行过程中，一些驾校存在学时考核不严格、流于形式的问题。有的为了迎合学员的需求，可能会降低考核标准甚至不考核。四是市场竞争不规范。有些驾培机构采取低价策略招揽生源，不但巧设名目增收费用，更是靠减少学时降低培训成本，学时缩水成为常态，培训质量差，很多学员拿到证也不敢独立驾驶。五是有些学员以拿到驾驶证为目标，以通过考试为指挥棒，重操作技能，轻安全文明教育，主动配合甚至要求驾培机构减少培训学时。

二　学时造假的危害与成因分析

（一）学时造假的危害

学时造假不仅严重影响驾驶员素质和道路交通安全，对驾培行业各个方面的冲击也是显而易见的。

1. 严重扰乱市场秩序

进行学时造假的驾校往往以"学费低""拿证快"为幌子，吸引大批学员报名，导致开展计时培训的正规驾校面临生源减少甚至亏损的困境，严重扰乱市场秩序，长此以往，形成"劣币驱逐良币"的局面，严重损害正常的教学秩序。

2. 严重损害学员利益

学时造假通常以减少学员的实际培训时间为代价，训练里程少，培训效果差，同时也违反了与学员的合同约定，侵害了学员的合法权益。为提高学员考试通过率，教练员往往采取考前模拟等手段进行突击训练，并另收所谓的"模拟费""包过费"，这不仅严重损害了学员的经济利益，也对其未来行车安全埋下了隐患。学时造假同时让"先培后付"失去了存在的基础，使学员自主选择培训时段、自主选择教练员、自主选择缴费方式形同虚设。

3. 严重违背驾驶培训初心使命

真实的计时培训数据是公安交管部门采信的前提，如果不能提供合法有效的培训数据，可能会造成学员无法约考甚至涉嫌破坏计算机信息系统罪等问题，也完全背离了机动车驾驶培训的初心使命，学员和教练员可能会更加注重突击培训，而非实际驾驶技能和文明驾驶理念的培养。这使得驾驶培训流于形式，也失去了实际意义。

案例1　香洲检察：练车学时不够，驾校可以帮忙"打卡"？获刑！

（1）练车学时没刷够，迟迟未能参加考试，听说驾校可以帮忙代"打卡"，这样可行吗？

《机动车驾驶员培训管理规定》明确规定，机动车驾驶员培训实行学时制。学时没有达到规定要求，就不能预约考试。规定学时，本意是让学员们认真学习驾驶知识、充分积累实操经验，确保道路交通安全。然而却有人动起了"歪脑筋"，串通相关技术人员，利用技术破解统计驾考培训学时的"E驾通"，为学员伪造学时数据，走上了犯罪的道路。

（2）发现轻松赚钱"商机"　一个犯罪团伙由此诞生

小梁是一名"E驾通"代理商，在工作中时常听到不少驾校教练和学员抱怨"没时间学车""学时打卡太麻烦"，后又偶然听说可以通过破解软件虚构驾考培训学时，自以为发现了"商机"。2020年7月，小梁找到了曾参与开发"E驾通"程序的小庄，向其推销自己的"赚钱大计"，两人一拍

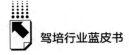

即合，后又将小李招揽入伙。自此，小庄负责技术支持，小梁负责销售推广，小李负责具体操作，一个伪造驾考学时牟利的违法犯罪团伙就这样诞生了。

（3）万事俱备"喜"开张　无视社会危害

合谋后，三人迅速将计划付诸行动。小梁负责向多地的驾校和学员们推销伪造学时业务，每人收费从 100 元至 300 元不等；小庄把相关的破解软件安装在计算机上，负责解决运行过程中出现的技术问题；小李负责进行具体的操作。该软件虚拟生成本应在驾校现场教练车上实时采集的数据，并将其上传到官方网站的服务器上，实现对计算机信息系统数据的非法增加，让实际没有完成学时培训的驾考学员获得参加科目考试的资格。2020 年 10 月起，小庄等人先后在中山坦洲、珠海香洲等地开展伪造驾考学时业务，为珠海市、汕尾市等多地的近千名驾校学员伪造学时数据，获利二十余万元，直至被抓获。

（4）东窗事发被判实刑　追悔莫及却为时已晚

2021 年 8 月受理该案后，香洲区检察院全面审查案件证据，引导侦查机关调取微信聊天记录、交易记录、资金流水等客观证据，寻找对应证人进行指认辨认，充分查明三人的犯罪事实，于 2022 年 3 月以破坏计算机信息系统罪对三人提起公诉。珠海市中级人民法院做出二审终审判决，认定小庄、小梁、小李三人犯破坏计算机信息系统罪，判处有期徒刑五年三个月至四年不等。同时，香洲区检察院向相关职能部门移送行政监督线索，建议对本案中违反驾驶培训相关规定的驾校和人员进行行政处罚。

（资料来源：《香洲检察：练车学时不够，驾校可以帮忙"打卡"？获刑！》，珠海市人民检察院网站，http：//www.zhuhai.jcy.gov.cn/jcgz/jcxx/202311/t20231130_6084809.shtml，2023 年 11 月 30 日。）

4. 严重损害行业社会评价

学时造假现象的大量存在既损害了驾培行业的形象地位和信誉度，也降低了从业人员的职业荣誉感，难以形成风清气正的驾驶员培训生态，整个行业的高质量发展更无从谈起。

（二）学时造假的成因分析

长期以来，学时造假问题不但没有得到很好的治理，反而有愈演愈烈之势。学时造假的原因大致有以下几个。

一是非法利益驱动，诱惑多。一些驾校、教练员为了降低培训成本，想方设法减少实际训练时间和训练里程。个别驾校为了多招揽生源，不在提升服务质量上做文章，而在招生价格上动脑筋，往往采取低于成本价招生等不正当手段吸引学员，如承诺报名缴费返还提成、快速拿证等。事实上，按照《教学大纲》要求，这些承诺是不可能实现的，所以驾校往往通过学时造假来兑现承诺，并让教练员诱使或胁迫学员在考前进行模拟训练，或巧立名目多次收费。有的学员对学车存在认识上的误区，认为只要能快速拿到证，怎么办都行，认同甚至配合教练员进行学时造假。

二是行业监管不足，漏洞多。主管部门对驾培行业重视程度不够、监管不到位也是学时造假问题的重要原因。一些地方主管部门对驾校的监督只停留在表面，未深入进行实地调查和监督，使得一些造假者蒙混过关；有的监管部门采取集中整治或阶段性突击检查等手段开展不定期整顿活动，活动期间造假现象有所收敛，活动结束后学时造假仍然活跃；有的监管部门只监管驾校，而忽视了对计时培训服务商的监管，使得非法数据有漏洞可钻。有计时培训服务商反映，越是便于学时造假的服务设备和计时平台，越是能够迅速占领整个市场。

三是造假手段多，难预防。信息技术的应用也为学时造假提供了技术支持，造假手段五花八门，防不胜防。造假手段逐步升级，由原来的跑马机、虚拟机到现在的"驾培平台辅助工具"，以及为驾校提供破解设备代码服务从而帮助实现"异地模拟打卡""模拟训练里程""云端学时打卡"等，学时造假更加便捷，更加隐蔽，查处难度增大。

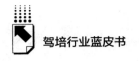

三 积极推进学时管理"一张网"

（一）学时管理"一张网"的必要性

1. 保障道路交通安全的需要

驾驶培训是保障道路交通安全的第一道防线。当前，部分地区驾培机构为降低经营成本，不按照《教学大纲》进行培训，存在培训不规范、服务不到位、不计学时或学时造假等问题，不仅违反了相关法律法规，也严重影响了教学培训质量。通过学时管理"一张网"，可以实现对培训过程的全程监管，确保驾培机构依规施教，保障学员按照《教学大纲》完成培训，从而提升驾驶培训的整体质量，减少交通事故，保障道路交通安全。

2. 规范市场秩序的需要

驾培市场存在低价竞争、违规经营的现象，严重阻碍驾培市场的高质量发展。通过学时管理"一张网"，可以加强对驾培机构的监管，把教练员、教练车以及学员等纳入闭环管理，让"黑驾校"无处遁形，失去市场，让低价无序竞争失去空间，达到规范市场秩序的效果，营造公平竞争的市场环境。

3. 数据共享与协同监管的需要

建立学时管理"一张网"可以实现培训与考试信息的实时共享，部门之间做到"补台不拆台、补位不缺位"，最终实现全国驾培在一张网内运行，各省份分别与公安交管 12123 对接，提高协同监管效能。

（二）学时管理"一张网"的重点工作

学时管理"一张网"的难点在于技术标准化、政策一体化、管理协同化，需通过"顶层设计+地方试点+技术赋能"组合拳，逐步打通区域壁垒，最终构建覆盖全国的驾驶培训信用体系，实现"一次培训、全国认可"。推进学时管理"一张网"，要重点做好以下几个层面的工作。

1. 技术层面

加快制定全国统一的数据标准，明确学时记录字段、接口协议及加密规则，修订完善《机动车驾驶员计时培训系统平台技术规范》和《机动车驾驶员计时培训系统计时终端技术规范》，鼓励各地区根据自身实际，在不违反国家规定的前提下，制定相应地方标准，规范各类数据接入。尽快建设国家级监管平台，汇总各省数据，实现"一网通查"，支持跨区域学时互认。

2. 政策层面

强化立法约束，修订《机动车驾驶员培训管理规定》，提高办学门槛，细化法律责任，加大违法违规惩戒力度，将计时培训、数据真实性及学时对接纳入法规要求，对履职尽责不力、失职失责的部门或人员予以问责。推行"黑名单"全国联动机制，对违规驾校、教练员及计时培训服务商等实施跨省联合惩戒，提高违法违规成本。设立专项技术基金或疏通各类投融资渠道，支持各省份建设统一的管理平台，确保全国范围内的数据互联互通。

3. 管理层面

成立跨部门协作专班，由交通运输部门牵头，联合公安、市场监管、大数据局等部门推进数据共享。引入第三方审计，委托行业协会或其他独立机构对学时数据真实性进行抽查，将结果向主管部门通报并向社会公示。

4. 优化用户体验

开通全国学时查询 App，学员可实时查看跨地区累计学时，可一键申请转学。推广线上报名系统，使用"电子培训档案""电子合同"等电子化材料，实现"让数据多跑路，让群众少跑腿"，优化用户体验。

学时管理"一张网"在技术、政策等方面均具有较高的可行性，同时对于提升培训质量、保障道路交通安全、规范市场秩序等方面具有突出的作用。因此，加快推进学时管理"一张网"，对于推动驾培行业的高质量发展具有重要意义。

案例2 "日照好学车"驾培考一体化成行业样板

7月21日至24日，第八届全国驾培市场创新发展大会暨驾驶培训分会

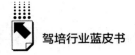

年会在南京举行。山东省日照市道路运输服务中心的"日照好学车"驾培考一体化作为全新的服务模式被称为全国首创、行业样板。

由日照交通、交警、市场监管、大数据发展局等多部门相互配合、联合监管的"日照好学车"驾培考一体化便民服务平台，涵盖驾培考的整个流程，每个方面的每一个环节都环环相扣。平台最大的特点就是"先培后付、预约培训、资金安全、线上评价、联合监管"等各个方面责任明确、权益清晰。

交通部门对驾培机构的培训能力进行科学核定，根据驾培机构的教练车、教练员数量，结合考核情况，核定每月最大培训能力，并在平台上予以限定，任何机构不得超出培训能力招生，超出培训能力的，平台在审核录入时视为无效。

交警部门将原来的前台受理变为后台审核，对于平台无纸化报名系统中的学员信息，直接在后台进行资格审核，将审核结果上传平台；交通部门派驻专人对学时提供现场查询服务，对省内外地变更到本地考试的学员，通过监管系统核查学员在外地的培训情况，无学时的一律纳入计时培训；市大数据发展部门依据政务云资源，提供统一身份认证及跨平台共享数据等平台服务和数据支撑；市场监管部门配合行业主管部门对培训合同进行指导，重点加强对合同中的不公平格式条款的监管，严厉打击不明码标价、价格串通、不正当竞争等违规行为。

各驾培机构实行先培后付，学费存入事先在银行部门开设的监管账户，以教学大纲阶段学时为结算依据，每周结算一次。对因个人原因需要退费的学员，各驾培机构以签订的培训合同为依据，协商一致后予以先行垫付，同时向平台提交退费申请，不得以平台退费滞后、资金尚未到账为由不给学员退费或拖延退费。

截至目前，平台已受理学员信息 14.17 万人，监管培训资金 5.01 亿元。科目二、科目三考试通过率分别提升 15%、20% 以上，学员满意度达 99.5% 以上。

（资料来源：《"日照好学车"驾培考一体化成行业样板》，热浪新闻，https：//baijiahao. baidu. com/s？id = 1740643434923247202&wfr = spider&for =pc，2022 年 8 月 9 日。）

四 学时管理长效机制

学时管理是指驾校在计时培训过程中，对培训教学时间的安排、审核、上传及驾培管理机构对培训教学过程的督导、数据复核和共享等一系列制度措施。学时管理的根本目的是确保学时的真实性，学时管理是培训质量的基本保障，对提高学员驾驶技能、减少交通事故具有重大意义。

1. 加大人防力度

一是要加大部门监管力度。一方面，建立健全监督机制和检查制度。采取"四不两直"的方式，加大对驾培行业的监管力度，加强对教学情况的检查，加大对违规违法行为的处罚力度，对学时造假始终保持零容忍。另一方面，充分发挥行业协会的作用，加强行业自律，不定期组织成员单位进行检查，发现问题及时纠正。

二是要加强对计时培训服务商的监管。要转变工作思路，把工作重点从管理驾校转移到管理计时培训服务商。推进实施服务承诺制，计时培训服务商进入驾培市场时要向行业主管部门备案并提交服务承诺书，如果参与或配合数据造假，一旦被发现或被查处，立即无条件退出培训市场。要严格按照技术规范的规定，对计时培训系统平台和计时终端的功能要求、技术要求、安装要求及安全要求等统一设置，严禁擅自降低标准。建立监督举报机制。发动教练员、学员对数据造假行为进行举报，及时发现并严厉打击违法违规行为。

三是要加强对学员的引导。从以往的学时造假案例来看，学员是其中不可或缺的一环，学员不参与、不配合，虚假学时便不可能顺利产生。有的学员相信"不打学时快速拿证""不用学也能刷够学时"，有的甚至表示只要能约考，花点钱买学时都可以。有教练员反映"整假学时来得快，学员也愿意出这个钱，可以额外多赚200块的打卡服务费"。对此，驾校要通过多种方式，教育学员深刻理解计时培训政策的初衷，引导学员通过充分的练习掌握驾驶技能和安全知识，不做"马路杀手"，从而减少交通违法行为和交

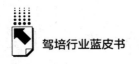

通事故。鼓励学员在发现学时造假行为后第一时间向驾校或主管部门举报。

2. 提高技防能力

现在市场上的计时终端有几十种，品牌杂，款式多，但基本原理是相通的，提高技防能力主要从优化点名规则以及给车载计时终端赋能两个方面入手。优化点名规则即由原来的固定时间抓拍改为在训练过程中每间隔 1~15 分钟随机抓拍，由提前拍照提示改为无提示自动抓拍，既避免语音提示的干扰，也可以防止在拍照前"调包"的违规操作。为提高系统的准确率，在拍照识别成功后自动继续培训，识别不成功则设置识别次数或停止计时，一般不超过 3 次或 2 分钟。

给计时终端赋能就是在计时终端符合《机动车驾驶员计时培训系统计时终端技术规范》的基础上，结合实际情况，增加新的功能以提高其效能。最主要的是在人像验证中增加活体检测功能，通过采用动态人脸识别技术进行身份识别，确保培训的真实性。为使签到流程更高效，还可增加手机 App 扫描二维码签到的功能，教练员和学员在手机 App 上进行动态签到。

3. 多措并举，堵塞漏洞

为防止终端计时设备与教练车分离或安装非法软件等学时造假行为，可采取以下措施堵塞漏洞。

措施一：加装防拆感应盒。防拆感应盒可实时监控分离动作，使用专用的机械式微动开关，触点分离后电响应为毫秒级，编码信号反馈为秒级，能快速有效地检测设备脱离、断电/断线的情况。上位机可以在极短的时间内做出反馈。具体功能为：断电/断线感应，断线监控，设备与上位机之间定期心跳交互（字节序列），防止非法截断信号线。

该系统采用双向编码协议，可实现双向信号加密响应。被保护设备与防拆装置之间实现双向信号交互，防止被其他电信号替换。主机与防拆设备之间通过专用的通信线路连接，传递的是编码后的信息，而非简单的电信号。这样可以有效防止破解人员测量电压电流、模拟假的防拆感应盒欺骗管理程序。此外，防拆设备安装前写入加密序列号，并与上位机一对一绑定，防止借用、挪用。该序列号由设备底层非可逆加密，配合上位机可以实现专用。

措施二：加装 OBD 功能模块。OBD 系统（车载诊断系统）是一种用于监控车辆运行状态的计算机系统，将 OBD 盒子与车载计时终端连接，可实现如下功能：拆掉 OBD 盒子或者设备，车载计时终端将自动断电，同时后台自动预警提示，并自动记录信息，拆除的设备自动锁定，无法登录。

措施三：加装 LED 显示屏。LED 显示屏与计时终端实时通信，LED 显示屏与车辆、计时终端一一对应，以防止恶意篡改信息或替换 LED 显示屏，确保每个 LED 显示屏只能与指定的车辆和计时终端通信。主要功能为：计时平台随机产生动态码，并通过透传的方式发送到 LED 显示屏。同时，培训过程中，车内教学全景照片上的动态码与计时平台发送的动态码必须一致，以确保培训的真实性。同时，计时终端与 LED 显示屏之间采用加密传输，如 SSL/TLS 等，确保数据传输过程中的安全性。

根据实际需要，可以动态调整加密参数，如加密算法、密钥长度等，以提高通信安全性。LED 显示屏支持远程更新解密程序，以便及时更新解密算法和修复潜在的安全漏洞。除了远程更新外，LED 显示屏还支持本地更新，如 U 盘更新等，以便于现场维护和升级。

4.抓住典型问题，逐一破解

问题一：使用照片签到签退。为了确保签到签退的有效性和安全性，避免不在现场而由他人使用备案人照片签到签退，可以采取以下措施。①车载计时设备二次人像识别验证。签到成功后，签到信息会推送到车载计时设备进行第二次人像识别验证，进一步确保签到者身份的真实性。②实时共享位置功能。手机 App 与车载计时设备通过实时共享位置功能进行距离对比，设定值为 100 米，如超过该设定值将提示距离过远签到失败，防止教练员在非培训地点签到签退。③记录签到时间和位置信息。车载计时设备应记录教练员的签到时间、位置等信息，以便管理人员进行查询和分析。

问题二：使用视频机进行跑马。为了避免使用视频机跑马，要确保车载

计时设备中摄像头的合规性和安全性，要求计时培训服务商对提供的设备进行加密技术处理并进行不定期更新，以应对潜在的安全威胁。这样，当将其他摄像头插到视频机上进行设备自检时，会检测到未经授权的摄像头，系统提示"接入非法摄像头"并自检不通过，也就无法进入下个流程。除了在摄像头内部集成加密芯片外，还可以采用硬件加密方案，如 H.264/AVC、AES 等，对摄像头的视频数据进行加密处理。

问题三：教练车停车打卡计时。主要对策如下。①将车载计时设备固定锁死，保证无法晃动，防止使用绳索等外力进行拽动、摇动。②通过阶段学时培训记录分析各项数据是否合规合理。计时终端上传的学时数据中，一定培训时长内培训里程过短、实操培训时长超过 4 学时/天、培训时速过大等情况均可判断为问题学时，存在学时造假嫌疑。③通过 OBD 和 GPS，对获取的速度进行对比，每分钟获取 60 次，检测出 40 次两者相差 20 公里/小时，且时长连续 5 分钟及以上，系统会认为存在跑马行为，自动退出教练员和学员信息。这种情况下，生成的学时日志不会被上传到监管平台，以保证学时的真实性和有效性。

结　语

从某个角度讲，机动车驾驶员培训属于教育行业，是一项专业技能培训，旨在使学员掌握驾驶技能，增强交通安全意识，同时通过考试取得驾驶证。这项培训服务具有明确的目的和性质，属于职业培训的范畴，不同于普通教育。

与此同时，计时培训是根据学员在不同训练科目产生的有效培训时间来收取培训费用的一种培训方式。计时培训的好处是可以根据学员的实际情况和进度灵活安排培训时间，同时也让学员能够更有针对性地进行驾驶技能的训练和提高。然而，学时造假不仅缩短实际培训时间，影响培训质量，滋生"少刷学时""不刷学时"甚至"买卖学时"的培训乱象，严重破坏市场秩序和行业生态，还严重侵害学员的经济利益和合法权益。

　　因此，严厉打击学时造假，加强学时管理，建立长效机制，共同维护健康有序的驾培市场，是我们每一个驾培人的共同责任。

　　本文作者为王力、王亚杰、袁建忠。王力，日照市道路运输服务中心驾培科负责人，高级工程师；王亚杰，日照市交通运输局科员，工程师；袁建忠，日照市道路运输服务中心副主任。

B.5
驾培预付学费信托监管
模式的探索
——以济南为例

摘　要： 　本文以济南为例，系统阐述了驾培行业预付学费信托监管模式的创新探索。面对传统资金监管模式中因驾校跑路、账户冻结导致的学员资金风险，济南依托数字化平台与信托机制，构建"信托+数字"双保险监管体系。该模式强化了资金安全，提升了行业监管效能，形成"学员端实时追溯、监管端动态预警、驾校端信用竞争"的良性生态。预期成效显示，学员资金纠纷将减少90%，行业集中度与满意度显著提升，为全国预付式消费领域提供了可复制的数字化治理方案。

关键词： 　信托监管　预付式消费　资金安全

　　济南驾培预付学费信托监管模式通过制度创新与技术赋能，进一步升级济南驾培公共服务平台，引入信托专户实现预付资金独立存管、风险隔离，并借助区块链存证、智能合约等方式实现资金划拨自动化与全流程透明化。

　　济南驾培预付学费信托监管模式实现资金安全、服务透明、监管精准的三重突破，不仅为学员筑牢"资金防火墙"，也推动行业走向规范化、智能化发展新阶段。该模式将为全国预付式消费领域治理提供"济南方案"，助力构建更安全、更可信的消费环境。

一 驾培行业发展与资金监管现状

（一）济南驾培行业现状

截至 2024 年底，全市已备案普通机动车驾培机构达到 109 家，其中一级驾培机构 12 家，二级驾培机构 44 家，三级驾培机构 53 家。全市备案教练车 5410 辆，同比减少 2.0%。全市机动车培训教练员 5610 人，同比减少 5.4%，其中理论教练员 371 人，驾驶操作教练员 5421 人。

2024 年，全市机动车学驾人数 10.5 万人，比 2023 年同期下降了 15%。驾培机构的培训能力能够充分满足广大人民群众的学驾需求，为促进全市经济社会发展发挥了积极作用。

（二）现行资金监管模式及存在问题

2023 年 5 月 23 日，济南驾培公共服务平台上线运行，平台集信息查询、学员报名、合同签订、缴费等功能于一体，建立了规范统一的驾培管理模式，实现了学员唯一平台报名、阳光透明培训、行业健康发展。

2024 年 5 月 14 日，驾培行业上线资金监管功能试点，7 月 5 日资金监管功能全面上线，依托驾培公共服务平台建立预收资金监管专用账户，实行学费第三方托管，有效防止驾校挪用资金，营造公平市场环境，保障学驾群体和驾培机构的合法权益。

目前的资金监管模式为驾培机构在银行开具两个银行实体对公账户，一个为监管账户，一个为一般账户。学员通过平台完成缴费后，学费进入驾培机构监管账户进行监管，再根据平台划拨指令按学时阶段划拨至驾培机构一般账户。

这是目前国内驾培机构预付费监管普遍应用的模式，该模式存在因驾校跑路、倒闭等不确定因素导致的学员经济损失风险。驾培机构一旦出现账户司法冻结，该账户资金将优先偿还非学员债务，无法保障学员权益。

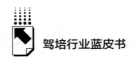

二 信托监管政策背景与设计思路

（一）信托监管政策背景

自 2001 年《中华人民共和国信托法》颁布实施以来，国内信托行业经历了长足的发展，同时也暴露出一些问题，如风险管理不到位、业务分类不清晰等。

为了规范信托业务，促进信托行业健康发展，2023 年 3 月 20 日，中国银保监会印发《中国银保监会关于规范信托公司信托业务分类的通知》（银保监规〔2023〕1 号），明确了信托业务的分类标准与要求，进一步厘清信托业务边界和服务内涵，总体要求是回归信托本源、明确分类标准、引导差异发展、保持标准统一、严格合规管理，旨在引导信托公司以规范的方式发挥制度优势和行业竞争优势，推动信托业走高质量发展之路。

为了进一步提升预付卡发行和服务水平，充分发挥预付卡便捷支付、繁荣市场和促进消费的积极作用，防范因商户经营不善倒闭或"跑路"、退费难等问题损害消费者利益，2025 年 2 月 26 日，济南市市场监管局正式上线济南"预付宝"，标志着全国首创"政府推动、平台保障、银行支持、商家积极、消费者满意"的预付消费"信托式"监管新模式正式开启。该模式引入支付结算机构、信托公司和银行三方金融机构，三方既合作联动又相互制衡，分别发挥支付结算、信托服务和银行保管的功能，利用市场化机制，实现对预付资金的有效监管，为消费者的预付式消费增加了一把"安全锁"，也为济南驾培预付学费监管的信托模式提供了技术支撑。

（二）信托模式的监管逻辑

根据《中国银保监会关于规范信托公司信托业务分类的通知》（银保监规〔2023〕1 号）的相关规定，信托公司可提供资产服务信托业务，作为独立第三方提供财富管理服务信托、行政管理服务信托、资产证券化服务信托、风险处置服务信托和新型资产服务信托，其中包含预付类资金服务信托。

信托公司提供预付类资金的信托财产保管、权益登记、支付结算、执行监督、信息披露、清算分配等行政管理服务，帮助委托人实现预付类资金的财产独立、风险隔离与资金安全。

预收款项是商户在生产经营活动中发生的，预收货款项下的资金所有权归属于商户，但以发行预付卡方式直接面向消费者所收取的预收款项的"处置权"应当受到限制。

根据《中华人民共和国信托法》，信托财产既独立于受托人的固有财产，又独立于委托人的其他财产，受托人根据国家相关法规和与委托人的约定，管理和运营信托财产。在商户正常经营状态下，预收资金就是信托财产，受托人根据《信托合同》的约定，管理信托财产名义下的预收资金，在消费者完成消费行为达到消费目的后，向商户划拨消费款项；消费者未消费时，预收资金以信托财产方式存放在信托专户内，商户享有对应的利息收益，基于《中华人民共和国信托法》，该信托专户不能强制执行。

服务信托参与预付金监管的交易模式的交易架构及操作步骤（见图1）如下：（1）消费者在支付结算平台购买商户发行的预付卡，支付预付资金；（2）支付结算平台将商户信息以及订单信息发送至信托公司；（3）预付资金由保管银行存管，保管银行负责预付资金的托管、清分、结算；（4）商户向消费者提供商品或服务后，信托公司通过划款指令，将预付资金由保管银行划转至支付结算平台；（5）支付结算平台将消费资金结算至商户，当商户无法提供商品/服务时，消费资金沿原路径向消费者返还。

（三）济南模式设计思路

研究制定济南驾培预付学费信托监管业务方案，对现有驾培公共服务平

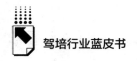
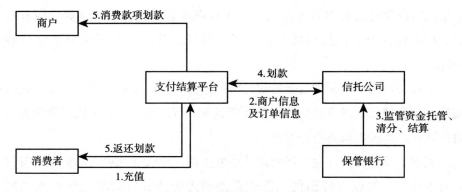

图1　服务信托参与预付金监管的交易架构及操作步骤

台功能进行完善，增加驾校开户、绑卡、提现、学员退费等功能，在现有平台基础上搭建预付资金管理平台。

具体的业务架构及流程如下。信托公司在银行开立信托专户及国民信托一级子账户，为驾培公共服务平台提供预付学费存管服务。信托公司专户下设二级驾校虚拟子账户、三级学员虚拟子账户，用以明确驾校及学员账户内预付学费数额。学员在平台缴费后，学费存入信托公司在银行开设的国民信托一级子账户，根据信托合同约定将资金划拨至驾校一般账户。具体地，学员完成规定的培训学时后，济南驾培公共服务平台将向驾校划拨学费的指令传输至信托公司，信托公司根据指令将学费划拨指令传输至银行，银行将相应学费从信托公司一级子账户划拨至驾校一般账户。

三　数字化平台升级与系统对接

（一）平台功能持续优化

一是信托模块深度嵌入。"济南驾培公共服务平台"新增信托资金监管模块，实现学费缴纳、进度确认、资金解付全流程线上化。学员可通过平台一键完成缴费、查看资金冻结状态、申请退费等操作，系统自动匹配学员学时数据与资金划拨进度，减少人工干预。同时，引入智能风控算法，实时监测驾校资金流动异常情况（如大额资金转出、频繁提现等），可自动触发预警并冻结账户，防范资金挪用。

二是数据穿透式管理。打通平台与公安考试系统、信托专户系统、驾校管理系统之间的数据接口，实现培训进度数据（学员学时记录、考试通过情况）、资金状态数据（信托账户余额、划拨进度、退费申请）、驾校运营数据（教练车使用率、投诉处理时效）、监管预警数据（资金异常波动、投诉率阈值）四类核心数据实时同步。建立"一学员一档案"机制，通过学员身份证号关联培训记录、资金流水、合同协议等全生命周期数据，支持一键追溯。

三是区块链存证与智能合约。关键业务节点（如合同签约、学时记录、资金划转）采用联盟链技术上链存证，存证信息同步至济南市政务区块链平台，确保数据不可篡改、全程可追溯。开发智能合约功能，实现资金划拨自动化。当学员完成规定学时并通过平台验证后，系统自动触发合约执行，资金按比例划入驾校账户，减少人为操作失误。

（二）三方系统无缝协同

一是信托公司系统对接。信托公司提供标准化 API 接口，实时接收平台解付指令，支持批量划款、资金冻结/解冻、余额查询等功能。设立"资金清算中心"，每日生成资金流水对账报告，自动比对平台、银行、驾校三方数据，确保账实相符。

二是银行/银联商务系统升级。开发"学费代收代付系统"，支持微信、支付宝、银联云闪付等多场景支付与资金分账管理，学费直接存入信托专户，规避资金池风险。引入"T+0 实时清算"机制，学员退费申请通过后，资金可原路实时返还至个人账户，退费周期从 7 个工作日缩短至 24 小时。

三是驾校端管理系统改造。驾校培训管理系统与平台对接，实现学时自动上传、培训记录电子签章、教练员评价反馈等功能。增设"资金透明看板"，驾校可实时查看信托账户余额、待划拨金额、退费申请状态，提升资金管理效率。

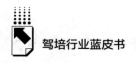

四 特色与创新

（一）首创"信托+数字"监管双保险

通过将济南驾培公共服务平台升级为预付资金管理平台，创新性地推出驾培行业学员预付学费"信托+数字"监管双保险模式，为学员资金安全与培训体验提供双重保障。该模式通过引入信托机制，将学员预付资金交由专业信托机构独立监管，确保资金专款专用，实现合理退费。同时依托数字化技术，平台全程记录学员报名、培训、考试等环节的数据，实现信息可追溯，有效避免乱收费、资金挪用等问题。

此外，平台还提供线上报名、预约培训、进度查询等便捷功能，极大提升学员学车体验。"信托+数字"监管模式保障了学员权益，为驾培行业的规范化发展树立了新标杆。

（二）实现驾培全流程透明化服务

驾培学员预付学费"信托+数字"监管模式以全流程透明化服务为核心，彻底解决传统预付费模式中资金不透明、监管难的问题。

学员端，可通过平台实时查看预付资金的冻结、解付状态，清晰掌握每一笔资金的流向，可随时了解培训进度及剩余金额，确保资金使用公开透明，杜绝乱收费和资金挪用风险。

监管端，依托平台动态监测全市驾培机构的资金流动和服务质量数据，实现全流程数字化监管，精准防范行业乱象。

预付学费信托监管模式不仅有利于提升学员的信任感和满意度，还可以通过数字化手段增强行业监管效能，推动驾培行业向透明化方向发展，为行业健康可持续发展注入新动力。

（三）预付费监管风险防控全面强化

预付学费信托监管模式通过双重预警机制和退出保障机制全面强化风险防控。

双重预警机制包括驾校经营风险预警和学员权益保障预警，当驾校投诉率超5%或资金异常流出时，系统自动触发预警，防范经营风险；当学员培训进度滞后时，平台主动提醒并触发退费机制，保障学员权益。

退出保障机制则通过信托公司设立风险准备金发挥作用，若驾校停业，优先使用准备金承接学员剩余培训服务，最大限度降低学员损失。

这一模式以数字化手段实现全流程透明化监管，构建了学员、驾校、监管部门三方共赢的生态体系，为驾培行业健康发展提供坚实保障。

五　配套保障措施

（一）法律保障

《中华人民共和国信托法》《中华人民共和国消费者权益保护法实施条例》等法律法规，为驾培预付学费信托监管模式提供了坚实的法律支撑和依据。根据《中华人民共和国信托法》第十七条，对信托财产不得强制执行。

学员在济南驾培公共服务平台完成缴费后，学费进入信托机构在银行开立的实体信托专户，由信托公司存管，可实现预付类资金独立、风险隔离、资金安全的信托目的。在驾校因各种不可控因素出现倒闭、跑路、账户司法冻结时，可根据信托约定，对在信托专户内的资金进行拨付，从而避免由此导致的学员学费损失。

（二）政策支持

为维护济南机动车驾驶员培训市场秩序，营造公平市场环境，保障学驾人和机动车驾驶员培训机构双方合法权益，依据《机动车驾驶员培训管理

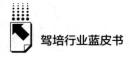

规定》《关于推进济南驾培公共服务平台上线运行及加强预收费资金监管工作的通知》等文件要求，2024年济南交通运输主管部门制定了《济南市机动车驾驶员培训机构预收学费监管实施方案（试行）》，明确了驾培服务合同管理、预收费方式、账户管理、资金监管、退费管理等要求。

按照"先充分试点、再全面推行"的原则，首先在钢城区、莱芜区、平阴县先行启动预收学费监管，然后在全市范围内全面上线。为促进济南驾培预付学费信托监管模式发挥更大作用，未来将持续完善法律法规和政策制度。

（三）市场引导

预付资金的信托模式已在全国其他地市、其他行业有过成功案例，如2021年10月，国联信托成立业内首单教育培训资金监管的服务信托——国联信托·教育培训资金管理0号服务信托计划；2021年11月，苏州信托正式落地了首单校外培训服务信托计划——苏信服务·新科教育众安1号服务信托计划；济南上线的"预付宝"也采用了该模式。

借鉴其他地市和行业的成功经验，济南驾培行业预付学费信托监管模式应加强市场引导，行业主管部门出台相关政策，明确预付学费信托监管的要求；推动驾培机构与信托机构合作，确保学员预付资金由第三方信托机构托管，避免资金挪用；建立透明的资金使用机制，定期向学员公示资金流向，增强消费者信任度；加强对驾培机构的监管，设立投诉渠道，及时处理纠纷，保障学员权益；强化宣传推广，提升驾校和学员对信托监管模式的认识，鼓励更多驾培机构主动实施。

六　预期成效

（一）资金安全全面加固

信托专户实现学员预付学费100%独立存管，驾校挪用资金风险归零，司法冻结情况下学员资金优先受偿，预计可减少 90% 以上学费纠纷。通过区块链存证与智能合约，资金划拨差错率为零，退费处理效率将提升 80%。

（二）行业监管效能跃升

平台动态监测全市 103 家驾校，资金流动、投诉处理、培训质量等数据实时可视化，监管部门可精准识别高风险驾校（如投诉率超 5%、资金异常流出），预警响应时间从 7 个工作日缩短至 24 小时。预计年度学员投诉量下降 60%，驾校违规经营行为减少 50%。

（三）市场生态良性发展

通过"资金透明看板"与信用评级体系，优质驾校可凭服务质量获得更高资金划拨优先级，形成优胜劣汰竞争机制，预计 3 年内行业集中度提升20%，一级驾校市场份额增至 30%。学员满意度提升至 95% 以上，带动学驾人数年增长率回升至 5%。

济南驾培预付学费信托监管模式通过制度创新与科技赋能的深度融合，成功构建了资金监管闭环与行业治理新范式，以信托机制破解预付式消费顽疾、以数字平台重塑全流程服务体验，不仅为驾培行业高质量发展注入强劲动能，也为全国预付式消费领域提供了可复制、可推广的数字化治理方案，标志着社会治理现代化在民生领域迈出了关键一步，为构建安全可信的新型消费生态贡献了智慧与力量。

本文作者为高萌萌、赵吉峰、陈露露。高萌萌，济南市交通运输事业发展中心高级工程师；赵吉峰，济南市交通运输事业发展中心工程师；陈露露，济南市交通运输事业发展中心高级经济师。

市场发展篇

B.6
驾培市场退费纠纷成因及解决方案探析

摘　要： 近年来，驾培市场因"低质内卷、无序竞争"引发的退费纠纷持续高发，成为预付式消费领域的典型治理难题。本文基于上海、成都、长春等城市2024~2025年投诉数据与各地典型案例进行实证分析，发现当前驾培市场面临系统性治理困境，包括：市场运行机制失衡引发系统性风险、制度供给不足导致规则真空与执行困境、监管体系效能不足导致治理滞后、社会环境因素加剧纠纷复杂性等。本文提出"制度建构+技术赋能+多元共治"的三维治理框架，通过"预防-处置-修复"全周期治理机制，力争实现投诉总量年均下降20%、纠纷处理周期压缩至7个工作日以内的治理目标，为预付式消费领域提供可复制的治理范式。本文提出关键突破点，对完善驾培行业监管规则、修复市场信任机制具有重大的理论与实践参照意义。

关键词： 驾培行业　驾培市场　投诉退费纠纷　预付式消费合同

一 驾培市场退费纠纷基本情况

驾培行业作为典型的预付式消费领域，投诉退费纠纷频发高发。多地数据显示退费纠纷、合同不规范及二次收费等乱象已成为行业顽疾。这些问题不仅侵害学员权益，还导致行业信任度下降。以上海、长春、成都等城市为例，2025年1月，上海市驾培行业受理热线工单达827件，其中对驾校的投诉774件，退费类诉求占比达90.44%。① 与网络招生平台"阡陌学车"有业务关联的驾校投诉率达到105%。2024年3月至11月，长春市驾培机构投诉总量累计2295件，合同与二次收费问题占比达92.77%。② 成都市2025年1月投诉工单显示，退费纠纷占比超过75%（见表1），服务与承诺不一致（如"包过""接送服务"）未履约问题频发，低价签约后强制收取"补考费""场地费"等隐性费用，未培训退费被扣除高额费用，甚至部分驾校通过挂靠推责逃避监管，学员维权困难。同时，对成都市2024年、2025年同期投诉内容的分析表明，2025年学员投诉描述中明显增加了关于合同欺诈、霸王条款的投诉，要求退费的金额占比略有增加。

表1 成都市2024年1月与2025年1月投诉差异对比分析

项目	2024年1月	2025年1月	差异对比
投诉总量	568件	883件	显著增长，+315件
合同退费问题占比	78.70%	79.16%	
费用方面差异对比分析			
主要原因	①未学习或未考试要求退费 ②驾校拖延退款 ③退款金额与合同不符	①未学习或未考试要求退费 ②驾校拖延退款 ③退款金额与合同不符 ④合同存在欺诈或不正规	2025年增加了关于合同欺诈或不正规的投诉
涉及金额	平均退费金额约1500元	平均退费金额约1800元	平均退费金额略有上升

---

① 《最新！本市2025年1月驾校投诉率排序公布》，网易，https://www.163.com/dy/article/JOCJ1TIK055040N3.html，2025年2月14日。

② 数据来源：吉林广播电视台公众号"吉视守望都市"，2024年12月4日。

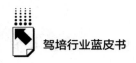

续表

项目	2024 年 1 月	2025 年 1 月	差异对比
合同方面差异对比分析			
主要问题	①合同条款不明确 ②驾校未履行合同承诺 ③合同签署过程不规范	①合同条款不明确 ②驾校未履行合同承诺 ③合同签署过程不透明 ④合同存在霸王条款	2025 年增加了关于合同签署过程不透明和合同存在霸王条款的投诉
涉及内容	学费、培训服务、退款政策等	学费、培训服务、退款政策、学时管理、教练资质等	2025 年涉及内容更加广泛,新增了学时管理和教练资质等问题

为进一步厘清驾培市场退费纠纷投诉问题,以成都市 2025 年第一季度投诉内容为基础,归纳分析驾校学员合同退费纠纷主要类型及具体表现。经分析,2000 余件投诉中主要涉及费用扣除争议、合同条款模糊、驾校单方违约、退款拖延或拒付、证据不足争议以及虚假宣传诱导签约等方面,具体表现如表 2 所示。

表 2　驾培行业投诉纠纷主要类型与具体表现

主要类型	具体表现
费用扣除争议	学员未参与培训,被扣除高额服务费或建档费;实车训练费按非合同约定标准(如虚报学时)计算
合同条款模糊	未明确违约金比例或退费阶梯式标准;未约定驾校搬迁、教练更换等特殊情形的退费规则
驾校单方违约	未按合同约定提供培训车辆、场地或师资;拖延考试安排超合同期限(如科目二超 90 天未安排)
退款拖延或拒付	以"财务流程"为由拖延退款超 30 天;强制要求学员签署"自愿放弃部分费用"协议
证据不足争议	学员无法提供缴费凭证或合同原件;口头承诺(如"包过")未写入合同导致维权困难
虚假宣传诱导签约	招生时承诺"低价全包",实际收取额外费用;隐瞒挂靠经营关系,导致服务质量与宣传不符

二　驾培市场退费纠纷成因分析

当前，我国驾培市场面临系统性治理挑战，行业乱象呈现多维度交织态势，形成市场运行机制、制度供给、监管效能与社会环境四重困境叠加的复杂格局。一是从市场运行机制看，挂靠经营模式导致责任链条断裂，低价竞争引发服务质量螺旋式下降，预收资金管理失控形成金融风险敞口，三重机制性缺陷造成学员维权难、行业逆淘汰与系统性风险积聚。

二是制度供给层面暴露出合同规范缺失、准入退出机制松散、资金监管真空等制度性短板，导致纠纷处理缺乏统一标准，市场主体鱼龙混杂，学员资金安全长期处于"裸奔"状态。

三是监管效能方面存在职能交叉与技术滞后的双重矛盾，多头监管导致责任推诿，数字化监管手段缺失致使风险预警失灵，而低廉的违规成本更助长了行业投机心理。

四是社会环境层面，信息不对称加剧逆向选择，高企的维权成本抑制正当诉求，行业诚信文化缺失与服务意识淡薄形成恶性循环。这些结构性矛盾与学员群体的非理性消费特征、法律认知偏差及脆弱风险承受能力相互作用，共同催生退费纠纷高频化、维权行为极端化、行业信誉持续走低的困局。

（一）市场运行机制失衡引发系统性风险

1. 挂靠经营模式导致责任链条断裂

挂靠经营模式在驾培行业普遍存在，形成名义主体与实际运营主体分离的双层架构。数年来，多数机构通过吸纳个体教练或小型团队挂靠，以品牌授权换取管理费用，导致学员签约主体与服务提供主体不一致。在这种模式下，教学场地、师资配置、服务标准均由挂靠方自主决定，总部对服务质量缺乏有效管控。

当出现场地变更、教练离职、费用纠纷等问题时，双方常以"非直属

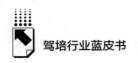

管理"为由相互推诿，学员陷入"找不到责任主体"的维权困境。责任界定模糊化使得纠纷处理周期大幅延长，且易滋生"失联跑路"等道德风险，破坏市场信任基础。

案例1 学员诉驾校易址致退费

2022年2月13日，长沙市天心区的李×与长沙壹号机动车驾驶员培训有限公司（以下简称"壹号驾培公司"）签订驾考培训服务合同，支付3280元培训费，公司为其完成注册。之后因工作繁忙，李×暂未接受培训。2022年10月，壹号驾培公司告知李×公司已迁至雨花区，要求她到新场地培训，李×因路程太远拒绝。李×向市场监管局投诉，驾校现场无人办公，被列入经营异常。李×多次申请退费遭拒后，于2023年5月将驾校诉至法庭。庭审中，壹号驾培公司以股权变更和格式合同条款为由拒绝全额退费。法院审理认为，驾校变更培训场地属于合同重大变更，应双方协商一致，李×拒绝前往新场地，合同无法履行，驾校未提供培训服务且存在主要过错，因此判决解除合同，驾校全额退费。壹号驾培公司不服上诉，长沙市中级人民法院终审判决驳回上诉，维持原判。在案例中，驾校易址后责任界定模糊，试图以股权变更和格式合同逃避退费责任，反映出驾培行业存在的问题，破坏了市场信任基础。

（资料来源：余知都：《学员诉驾校易址致学习不便 法院判决解除合同并退费》，湖南省市场监督管理局，http：//amr. hunan. gov. cn/amr/xxx/mtzsx/202405/t20240523_ 33309392. html，2024年5月23日）

2. 低价竞争引发服务质量螺旋式下降

行业内普遍存在"低价揽客、高价补收"的恶性竞争策略，部分驾培机构以显著低于成本的价格（如"全包班"价格低于合理成本30%）吸引学员，签约后通过缩减学时、使用老旧车辆、合并教学班次等方式压缩成本，或通过强制收取"模拟费""学时加急费"等隐性费用弥补亏损。

此类行为导致教学服务缩水，学员练车时长不足合同约定的 60%、学员无法预约训练的合适时间等问题频发，服务履约率普遍低于行业合理水平。优质机构因成本压力被迫卷入价格战，或因利润空间压缩减少服务投入，形成"劣币驱逐良币"的逆淘汰效应，行业整体服务质量出现系统性下滑。上述现象在济南驾培市场曾经非常普遍，行业整体服务质量严重下滑。为整治乱象，2022 年济南市交通运输局推行"一次收取、一费到底"政策，收费透明化，市场环境大为改善。

3.预收资金管理失控形成金融风险敞口

驾培行业仍然普遍采用"全款预收"的资金结算模式。学员缴费后，资金由"收款方"（教练、驾校、中介等）自主管理，缺乏有效的第三方监管机制。多数机构将预收款用于场地租赁、设备购置或其他投资，形成资金池混用现象，导致学员资金与机构运营资金边界模糊。

当"收款方"出现经营不善、场地租赁到期或突发政策调整时，极易发生资金链断裂，导致学员退费无着落。这种高比例预收款与低透明度的资金管理模式，不仅放大了个体机构的经营风险，而且诱发行业性的资金安全隐患，成为群体性退费纠纷的重要诱因。

案例 2　上海一驾校关停致学员维权难

2021 年 10 月，张女士与上海巴士电车汽车驾驶员培训有限公司沈经理签订 C2 驾驶员培训合同，缴纳 6180 元学费，合同有效期至 2024 年 8 月 1 日。但由于个人原因耽搁后，2023 年初，她发现驾校关停，无人通知。此后维权过程曲折，联系驾校人员被推诿，沈经理先是称离职，后又提出不合理退款方案，且承诺退款未兑现。驾校法定代表人陆某先是称合同章伪造，钱未到公司账上，在记者拿出证据后改口，承认学费到账并提出安排转校，可张女士已在其他驾校完成培训，要求退款。该驾校关停影响 3000 多名学员，截至发稿，学员与驾校仍未就善后事宜达成共识，这凸显了驾校关停后学员权益保障难题。

（资料来源：《"比悬疑片还悬疑！"上海知名驾校关停，3000 多名学员

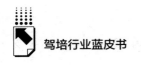

学车受影响》，新民晚报，https：//mp.weixin.qq.com/s/C_ Ll270P88hG Zh 4kHVys2Q，2025 年 4 月 3 日）。

（二）制度供给不足导致规则真空与执行困境

1. 合同规范缺失埋下纠纷隐患

全国各地多数地区缺乏统一的驾培服务合同示范文本，各地条款设计差异显著，核心条款存在诸多漏洞。约 60% 的机构合同存在"科目一考过概不退款"、违约金比例模糊等霸王条款，对学员因工作变动、身体原因等特殊情形的退费权利未做明确约定，对机构违约（如场地搬迁、师资更换）的退费标准亦未细化。

此类条款导致纠纷发生时，双方常因费用扣除比例、违约责任界定等问题陷入争议，行政调解缺乏统一依据，司法裁判也因条款合法性认定困难，从而增加维权成本，形成"有纠纷无规则"的治理困境。

2. 市场准入与退出机制存在制度短板

市场准入环节侧重硬件设施审查（如教练车数量、场地面积），对机构资金实力、管理能力、信用记录等软件缺乏实质审核，导致大量抗风险能力弱的小型机构、挂靠主体进入市场。退出机制方面，缺乏针对机构停业、"跑路"的学员权益保障条款，既无强制预存风险保障金制度，也无政府层面的应急处置预案。

机构停止运营后，学员仅能通过司法途径追偿，而司法程序的漫长周期与高额成本，使得多数学员被迫放弃维权，形成"违规成本低廉、维权成本高昂"的制度失衡。

3. 资金监管制度存在系统性缺失

当前，全国尚未建立统一的驾培预收资金监管制度，仅少数地区试点资金托管模式，且覆盖率不足 40%。资金监管的缺失导致机构对预收款的使用缺乏约束，对挪用、卷款等行为缺乏有效监管手段。银行、监管部门、学员之间未形成资金流向的实时监控机制，无法及时预警机构的资金异常流动，使得学员资金安全缺乏制度性保障，成为引发退费纠纷的重要根源。

案例3 没开发票与持有收据怎么退费

2025年4月9日，网民留言反映新报考驾校没去过，联系退款不退，没开发票与收据，叫补开发票或收据被拒绝，也没有合同，一直也不提供训练场地位置，联系学校，学校说只收了两百元报名费，联系师傅，师傅又说交给了学校，相互推卸责任。驾校处置方案如下。方案1：学员继续学车；方案2：与教练员协商扣除相应费用（违约金：780元，建档费：200元，服务费：500元，招生成本：620元），剩余资金退还学员。就退费金额，学员不认可。学员诉求：将交费金额的70%退还。

（三）监管体系效能不足导致治理滞后

1. 多头监管与协同机制缺失

驾培市场监管涉及交通运输、市场监管、消费者协会等多个部门，存在职责分工不清晰、协同联动不足的问题。交通运输部门侧重行业资质管理，市场监管部门负责合同与价格监督，消协承担投诉调解职能，但在实际工作中，常出现"多头管理却无人兜底"的监管真空。例如，虚假宣传投诉需市场监管部门介入，资金挪用问题则涉及金融监管，部门间信息共享不畅、案件流转效率低下，导致学员在多个部门重复投诉，纠纷处理周期延长。

2. 监管手段传统化与数字化滞后

全国驾培监管平台建设进度不一，部分地区仍依赖传统的事后抽查与人工核查，对机构招生规模、资金流向、投诉动态等关键数据缺乏实时监测与风险预警。约60%的机构未接入监管平台，学时造假、合同违规等问题难以提前发现，监管效能受制于信息不对称。技术监管手段的缺失，使得对"低价倾销、资金异常集中"等潜在风险行为的识别能力不足，无法在纠纷爆发前介入干预，导致问题积累至集中爆发阶段才被动处理。

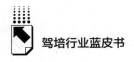

3. 违规成本低廉与信用约束失效

现有法规对驾培机构违规行为的处罚力度较小，最高罚款额度远低于违规收益，无法形成有效震慑。信用体系建设滞后，全国尚未建立统一的驾培机构信用档案，且多数地区信用信息未接入公共信用平台，对机构的融资、招投标等经营活动无实质影响。违规机构通过"换牌重生"逃避责任的现象普遍，同一主体多次因同类问题被投诉的比例居高不下，形成"违规—处罚—再违规"的恶性循环。

案例4 "挂靠教练"坑钱跑路咋处理

2022年11月，星×与3名同事在中交驾校通过教练叶某报名，每人缴纳3480元共计近1.4万元学费。叶某称，部分费用交至驾校校长刘某处，此后4人频繁约课无果，申请退费时发现叶某与刘某已离职，中交驾校原场地已更换为鹏程驾校招牌，且公示金盾驾校资质。学员要求补签合同及退费，鹏程驾校工作人员称"中交驾校挂靠教练乱收费已被投诉，接手后仅负责未交费至校长刘某的学员，交至刘某的费用无法追溯"，并拒绝全额退费，建议继续学车。记者调查发现，鹏程驾校仍在招收挂靠教练，校长称"有黄牌即可挂靠"，对教练资质审核要求避而不谈。

（资料来源：《长沙多个驾校"挂靠教练"坑钱跑路，乱象不休》，网易，https：//www.163.com/dy/article/E1S5NTPF0530S6GI.html，2018年11月30日）

（四）社会环境因素加剧纠纷复杂性

1. 信息不对称导致逆向选择

学员与机构之间存在显著的信息壁垒。学员在报名时难以准确获取机构真实资质、师资配置、过往投诉记录等关键信息，常被低价宣传、"包过承诺"等营销话术诱导签约，而实际服务与宣传存在较大落差。机构利用合同条款，隐瞒隐性收费项目或设置高额违约金，学员签约后因信息劣势陷入被动。这种信息不对称导致市场资源向劣质机构倾斜，优质服务机构因定价透明而缺乏竞争优势，行业整体信任度下降，学员对退费问题的担忧演变为预防性维权，主动申请退费的比例逐年上升。

案例 5　上海公布驾校投诉率排序

2024 年 12 月，上海市驾培行业受理热线工单 1248 件，其中驾校投诉 934 件，退费类诉求达 828 件，占比 88.6%，约 1/3 学员因未签订规范培训合同或合同条款模糊，无法提供有效退费依据。这一数据暴露出学员与驾培机构间显著的信息壁垒：学员报名时易被"低价全包""快速拿证"等宣传话术吸引，却难以核实机构真实资质、师资配置及历史投诉记录。例如，与网络招生平台"阡陌学车"关联的上海星元、福龙、祥翔三家驾校，因大量退费纠纷被暂停招收新学员，其投诉量占 2024 年全年行业总量的 11.07%，反映出平台宣传与机构实际服务的严重脱节。

（资料来源：《上海公布驾校投诉率排序，其中 3 家因大量退费纠纷暂停招收新学员》，搜狐网，https：//m.sohu.com/a/848490383_ 260616/？scm=10001.7315_ 13-100000-0_ 922.0-0.0.a2_ 5X151X1060，2025 年 1 月 13 日）

2. 维权成本高企抑制正当诉求

司法途径因诉讼周期长（通常 3~6 个月）、程序复杂，且涉及金额普遍较小（平均 3000~5000 元），学员选择率不足 20%。在行政投诉流程中，学员需多次沟通、提交证据，且面临部门间推诿，平均处理周期变长。部分机构利用学员"怕麻烦"心理，设置"本人到场办理""注销学籍前置"等障碍，迫使学员接受不合理扣费。高维权成本导致大量纠纷滞留于协商阶段，或最终以学员妥协告终，客观上纵容了机构的违规行为。

3. 行业诚信文化缺失与服务意识淡薄

部分机构将经营重心置于招生扩张，忽视服务质量建设，形成"重营销轻履约"的行业潜规则。教练队伍整体素质参差不齐，部分教练存在态

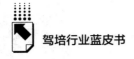

度恶劣、教学敷衍、索要财物等问题，导致学员体验差而主动要求退费。行业缺乏统一的服务质量标准与诚信评价体系，机构违约成本低，诚信经营的正向激励不足，进一步加剧了学员与机构之间的对立关系，形成"投诉—整改—再投诉"的恶性循环。

（五）学员主体特征放大纠纷发生概率

1.非理性消费决策加剧权益受损风险

学员群体普遍存在"价格敏感度高、服务质量辨识力低"的消费特征。多数学员在报名时将价格作为首要决策因素，仅少量学员会主动核实机构资质与合同条款。部分学员为追求"熟人优惠""开学季团购特价""网络直播低价"等短期利益，接受无票据支付、非书面承诺等高风险交易方式，导致维权时因证据缺失而陷入被动。更有学员受"包过承诺""快速拿证"等虚假宣传诱导，主动配合学时造假、违规培训等行为，形成"学员-机构合谋违规"的特殊风险场景。

2.学员认知偏差导致维权路径失效

多数学员无法准确理解"预付款""违约金""缔约过失"等法律概念，不少学员误认为"微信聊天记录可替代正式合同"，即便签订了合同，也未认真阅读合同条款。这种认知偏差导致学员在签约阶段忽视合同审查，在纠纷阶段错误采取"网络曝光""现场对峙""邀请职业打假人维权"等非理性维权手段。部分学员因不了解"投诉时效""证据效力"等程序规则，错过最佳维权时机，或将民事纠纷升级为治安事件。

案例6　交钱报名去学车，教练"失联"索退款

2025年2月18日，黄女士因考取C2驾驶证需求，经微信群联系到某驾校教练。次日，教练让其微信转款4500元，未签合同，仅提供一张纸条让签名后收回。缴费后，黄女士询问学习训练事宜，教练先是推脱，后直接"失联"。苦等一个多月后，黄女士接受采访表示希望退款。就在采访当天，驾校通知协商，最终黄女士获得退款。此案例警示消费者，

报名学车应通过驾校正规渠道缴费并索要票据，避免私下向教练转款，以防权益受损。驾校也应加强对教练的管理，规范收费流程，保障学员权益。

（资料来源：《交钱报名去学车教练"失联"索退款》，今日视线，https：//mp. weixin. qq. com/s/4Jioczc2Un7mKhPRbzQdsg，2025 年 4 月 9 日）

3. 风险承受能力薄弱激化学员矛盾

驾培消费群体以大学生、新就业人员、低文化水平等低收入人群为主，3000~5000 元的学费支出是其可支配月收入的大部分甚至全部。当遭遇培训中断、二次收费等问题时，学员既难以承受重新报名的经济压力，也无法接受"分期退款""抵扣其他服务"等折中方案。经济压力与心理焦虑叠加，使得退费诉求容易演变为极端维权行为，客观上提高了纠纷调解难度。

三 应对驾培市场退费纠纷问题的对策建议

当前，驾培市场纠纷问题层出不穷，各类矛盾相互交织，已然形成系统性风险，严重侵蚀市场信任根基。为推动驾培市场健康、有序发展，亟须从制度建构、技术赋能、多元共治等多个维度协同发力，综合施策。

（一）制度建构：筑牢省级统一规则基石

1. 推行省级合同示范文本

由省级交通运输部门联合市场监管总局，制定"全省机动车驾驶员培训服务合同示范文本"，着重攻克以下三大关键问题。

一是细化退费情形。精准划分机构违约（如场地灭失、师资匮乏）、学员违约（如因个人缘由退考）、不可抗力（如政策调整）三种场景，并明确与之对应的退费比例。其中，机构违约应全额退费，学员违约则扣除已产生费用，外加不超过 30% 的违约金。

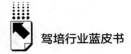

二是清单化费用项目。严禁"建档费""服务费"等隐性收费行为。清晰界定学费涵盖教学、考试预约、教材等基础服务范畴，额外服务需单独明确罗列，由学员自主自愿选择。

三是刚性化权责条款。按照最高人民法院发布的《关于审理预付式消费民事纠纷案件适用法律若干问题的解释》（法释〔2025〕4号）精神，明确规定机构预收资金必须存入专用监管账户，严禁挪用；赋予学员在未实际接受服务前7天无理由解约的权利，从法律层面破除"霸王条款"的桎梏。

2. 建构全国统一预收资金监管制度

借鉴校外培训资金监管的成熟经验，建构"政府引导、银行托管、分段拨付"的全新机制。

一是强制资金托管。要求所有驾培机构在指定银行开设监管账户，预收资金依据信用等级或服务质量考核等级，按相应比例存入监管账户，未经学员确认，不得擅自划扣。

二是标准化拨付节点。按照培训阶段有序释放资金，例如学员通过科目一考试后，释放40%资金；通过科目二考试后，释放30%资金；通过科目三考试后，释放剩余的30%资金。

三是制度化风险保障。设立市级驾培风险保障基金，各机构按预收资金规模的5%缴纳。该基金主要用于机构出现跑路、停业等状况时，对学员进行补偿。

3. 完善市场准入与退出标准

一是升级准入标准。将资金实力、场地稳定性（自有场地占比≥50%或租赁期≥3年）、信用记录（法定代表人无失信记录）纳入必备准入条件，提高小型挂靠机构的准入门槛。

二是刚性化退出机制。构建"风险预警—主动退出—学员安置"流程。对于连续3个月投诉率超过50%、资金监管账户余额低于预收资金30%的机构，强制其停业，并启动学员转校或退费程序，由风险保障基金先行垫付相关费用。

（二）技术赋能：打造省级以上的联网智慧监管平台

1. 建设省级驾培监管大数据平台

整合驾校数据，做好监管。第一，做好招生动态监控，实时抓取机构报名人数、预收资金规模，设定红色预警线（当单月招生量超出教练车承载能力时，触发预警）。

第二，加强服务质量监控，接入采用人脸识别、GPS 定位技术的学时打卡数据，自动比对培训进度与考试预约情况，精准识别"学时造假""拖延培训"等不良行为。

第三，加强投诉舆情监控，对接 12345、12315 等投诉平台，实时分析投诉热点，生成区域风险地图，为监管资源的精准投放提供有力指导。

第四，建立信用信息共享机制，与全国信用信息平台互联互通，实时更新机构信用评级，供学员在报名时查询，构建"一处失信、全国受限"的强效信用约束机制。

2. 推广"互联网+"服务与治理工具

一是建设学员端 App 集成，提供机构资质查询、合同智能审核（自动识别违法条款）、费用透明展示、一键投诉维权等功能，内置实时更新的"风险机构名单"（包含停业、高投诉机构），助力学员有效规避风险。

二是搭建机构端管理系统，强制驾培机构接入监管平台，实现资金流向、学员信息、教学记录的数字化管理，自动生成合规性报告，降低机构运营成本。

三是构建监管端决策支持，运用大数据深入分析各地驾培市场运行趋势，为政策制定提供坚实数据支撑，如动态调整资金监管比例、优化市场准入标准等。

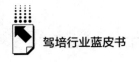

（三）多元共治：构建协同治理格局

1. 强化跨部门监管协同

建立交通运输、市场监管、公安交管、金融监管四部门联动机制。

一是日常监管协同方面。以预付式消费领域"百日攻坚"等行动为契机，建立监管联席机制，共享机构资质、合同违法、资金异常等关键信息，联合制定专项整治方案，如开展"暑期招生乱象整治行动"。

二是案件办理协同方面。针对"卷款跑路""合同诈骗"等重大案件，根据《中华人民共和国消费者权益保护法实施条例》对应条款开展执法监管，建立"快速立案—资金冻结—学员登记"绿色通道。

三是标准制定协同方面。共同制定市级预付式消费领域联合监管等配套文件，有效解决"多头监管、标准不一"的问题。

2. 支持全国性行业自治组织发展

一是规则制定方面，出台"驾培机构服务自律公约"，大力倡导"透明收费、规范履约"，建立行业自律准则，对会员机构实施星级评定，引导优质机构树立良好品牌形象。

二是纠纷调解方面，设立全国驾培纠纷调解中心，开发线上调解平台，充分利用行业专家资源，提供免费、高效的纠纷化解服务，目标是将30%~40%的纠纷在行业内部妥善解决。

三是能力建设方面，组织全国教练员职业培训、机构管理者合规培训，积极推广先进管理经验，如连锁化经营、信息化管理、精细化服务、智慧驾校模式，全面提升行业整体服务水平。

3. 激励社会监督与公众参与

一是建立投诉公示制度。市级交通运输部门每月发布《驾培市场投诉受理情况通报》，公示各驾校投诉量、单车投诉率、典型案例，强化投诉通报结果应用，形成"阳光监管"压力，促使机构主动整改。

二是发展第三方评估。以县域、市域为试点，支持独立第三方机构开展驾培服务质量测评、市场风险评估，为学员选择机构、驾校开业经营、政府制定政策提供重要参考依据。

三是加强消费者教育。通过官方媒体、驾校自媒体等平台开展"驾培消费公开课",普及"五查"报名法(查备案、查合同、查资金监管、查投诉记录、查场地资质),将学员风险防范意识培育纳入教育宣传体系。

(四)长效机制:打造全周期治理闭环

1. 事前预防机制

一是开展常态化风险评估。各省市县结合实际开展年度驾培市场风险评估,重点监测预收资金规模、机构负债率、投诉增长率等关键指标,发布年度风险报告。

二是制度化合规培训。要求新设立机构的法定代表人、安全管理人员必须通过合规培训考试(可参照两类人员考核形式),每三年复训一次,从源头上增强机构合规经营意识。

2. 事中处置机制

一是建立分级响应机制。依据投诉率、资金异常程度,将机构风险划分为三级(黄色、橙色、红色),分别对应采取约谈整改、暂停招生、强制退出等措施,实现"精准拆弹"。

二是制定应急处置预案。退费纠纷矛盾突出的地区,要建立驾培行业应急处置预案,明确学员安置、资金垫付、舆情引导等流程,确保群体性事件能够得到快速、妥善处理。

3. 事后修复机制

一是搭建信用修复制度。允许整改合格的机构申请信用修复,经过一定期限(如6个月)的观察期后,恢复其正常经营资格,给予机构"纠错再生"的机会,可参照行政处罚后信用修复机制。

二是促进行业生态修复。定期召开全国驾培行业峰会,推广治理成功经验,表彰优质机构,重塑行业社会形象,营造"诚信经营光荣、违规失信可耻"的良好市场氛围。

通过系统治理举措,重构"有为政府、有效市场、有用平台、有声社

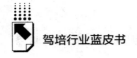

会"的驾培市场治理新格局，推动驾培行业从问题整治迈向生态重塑，实现可持续、高质量发展。

四　驾培市场退费纠纷问题解决的关键突破点

（一）核心指标改善预期

通过三年治理，力争实现"一降两升三完善"。"一降"指投诉总量下降，各地驾培投诉量年均下降20%，退费纠纷减半。"二升"包括：治理效能提升，行政投诉处理周期压缩至7个工作日以内，设立快速调解通道，在县级层面成立驾培纠纷调解委员会，缩短维权周期，降低学员维权成本；监管效能提升，搭建驾培行业统一公共服务平台，强化学员报名和资金监管，从源头杜绝机构跑路事件。"三完善"指制度体系完善，建立全国统一的合同、资金、信用三大基础制度，形成"数据驱动、协同高效"的智慧监管模式。

（二）关键突破点分析

一是从"地方试点"到"全国统一"的制度突破，改变当前各地规则碎片化状态，通过国家级立法与标准制定，解决合同条款不统一、资金监管无依据等根本性问题，为行业治理提供"通用语言"。二是从"被动应对"到"主动预防"的监管升级。借助大数据与人工智能技术，实现风险的早期识别与干预，将纠纷化解在萌芽状态，从"救火式"监管转向"防火式"治理。三是从"单一监管"到"多元共治"的模式创新。充分发挥行业协会的自律作用、第三方机构的评估作用、社会公众的监督作用，构建政府引导、行业自治、社会协同的治理共同体，形成治理合力。

结　语

驾培市场退费问题频发是市场运行机制、制度供给、监管效能以及社会环境等多种矛盾相互交织的结果。解决这些问题，不仅需要从顶层设计入手，建构统一的制度规则，强化资金监管和信用体系建设，推动监管手段向数字化转型；还应着力培育行业诚信文化，形成政府、行业组织和社会公众共同参与的协同治理格局。基于此，修复驾培市场的信任机制，推动驾培行业从规模扩张型向质量效益型转变。

展望未来，驾培行业作为预收款服务行业的重要组成部分，其治理经验有望为其他行业提供有益的借鉴。通过不断优化顶层设计，积极鼓励基层创新，逐步完善法律法规，强化监管协同，定能破解行业发展过程中的难题，推动预收款服务行业在高质量发展的道路上行稳致远。

本文作者为李治宏。李治宏，四川省成都市交通运输综合行政执法总队三级主办。

B.7
驾培行业融入低空经济的路径
分析与展望

摘　要： 在传统驾培市场发展陷入重重困境的状态下，低空经济的兴起为驾培行业带来了全新的发展契机与增长点。本文研判了驾培行业融入低空经济发展的时代契机，驾校的教练场地、业务模式、师资队伍可以供低空经济业务使用；驾校在获得低空经济相关资质后，可以通过社会招生、定向培养、技能跃迁、校企合作、航模竞赛、建立综合基地、做好机后市场、做好数字基建等路径融入低空经济。驾培行业融入低空经济业务也存在低空经济业务需要长期发展、市场规模还不够大、发展管理还不够规范、市场竞争激烈等风险挑战。因此，驾培行业需要把握政策响应能力、提升资源复用能力、锻造生态构建能力，以便在与低空经济融合发展中获得长期收益。

关键词： 驾培行业　低空经济　无人机　培训资质

当前，驾培行业经济周期叠加，挑战前所未有。传统领域内卷严重，新兴赛道难以寻觅。宏观环境留给传统驾培行业转型升级的机会越来越少——土地政策收紧、劳动力成本上升、供给饱和、降碳要求、车辆报废政策严苛、教练员门槛缺失——导致驾培行业发展进入瓶颈期。

2024 年被称为中国"低空经济元年"。从这一年开始，低空经济被作为"新增长引擎"写入政府工作报告，成为备受政府、社会、协会、企业、资本、科研院所、媒体等重视的项目。

在中国交通运输协会的大力推动下，江西白云驾校、辽宁华航驾校、四川森安驾校、雅安雅州驾校、贵州中铁二局驾校、四川长征驾校等各地龙头驾校纷纷入局，踏上与低空经济融合发展之路。这些驾校从无人机操控员培训业务做起，迈出了历史性的第一步，成为书写空天创新变革的先锋。

一 驾培行业融入低空经济发展的时代契机

（一）驾培行业内卷严重，亟须寻找新赛道

传统驾培市场在前些年突飞猛进之后，正陷入"招生难、价格战、假学时、挂靠点"的重重困境。整个市场培训能力过剩、僧多粥少，一些挂靠经营者借机浑水摸鱼，行业沦为价格战的修罗场，降价和挂靠教练靠减学时、漏培训降低成本，靠收取其他不正当费用贴补成本，违规培训、虚假学时、价格欺诈等乱象丛生，严重削弱了驾校的盈利能力与可持续发展能力。

第一，学车需求回落，存量逐渐消化。从公安部公布的近 15 年新增驾驶人数据中，可以清晰地看出驾培市场的需求井喷式增长和逐步回落的过程，学驾群体存量逐步消化，学车人群增量基数大幅下降。

第二，行业竞争激烈，缺乏差异服务。众多驾校在培训课程、教学方法以及服务模式等方面如出一辙，服务项目内卷比拼，缺乏教学质量上的差异化优势，不少驾校的理论培训缺失，教学方法死板，难以满足学员日益多样化的学习需求，没有真正为学员提供增值服务。

第三，教练出现断层，水平参差不齐。2016 年教练员从业资格证被取消，部分驾培机构极端重视教练员的招生能力，忽视师德师风与学员满意度，放弃教练员岗前培训和再教育，聘用"口袋"驾照甚至还未考取驾照者作为教练员。加之薪资待遇、社会地位认知、职业发展前景及工作压力等多重因素叠加，年轻人不愿选择教练员职业，因此出现明显的人才断层。

第四，运营成本居高不下，亏损风险渐大。传统驾培机构最大的经营成本包括土地使用成本、教练车置换成本及运营成本。运营过程中，训练场地的租金上涨压力逐步增加。从业人员工资、教学车辆维护和燃油消耗、训练场地设施设备维护等各项经营成本支出持续攀高。很多驾校连年出现亏损。

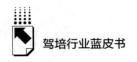

第五，市场供过于求，供给明显过剩。以南方某省为例，其大部分地市以本地户籍学员为主，各车型的招生数量均呈现逐年下降的趋势。而有些区域驾培市场的培训能力还在持续增长，供给过剩更加明显。①

第六，场地审批困难，随时面临腾退。根据《城市用地分类与规划建设用地标准》（GB50137—2011），用地分类包括城乡用地分类、城市建设用地分类两部分。教练场地属于城市建设用地分类中的"其它交通设施用地（类别代码：S9）"。而在《土地利用现状分类》（GB/T21010—2017）中，教练场用地属于"交通运输用地——交通服务场站用地"。在实际执行中，驾培机构用地几乎从未纳入交通运输用地规划，导致教练场地申报手续复杂、审批困难，租赁土地成本过高且随时面临腾退。

（二）低空经济潜力无限，期待融入新动能

2021年2月，低空经济首次写入《国家综合立体交通网规划纲要》。2023年12月，中央经济工作会议明确提出打造生物制造、商业航天、低空经济等若干战略性新兴产业。再到2024年，"低空经济"首次被写入国务院政府工作报告。2025年全国交通运输工作会议数次提到低空经济，"着力推进综合交通运输体系改革、铁路体制改革、发展通用航空和低空经济、收费公路政策优化等重大改革""加快培育新兴产业。在确保安全的前提下，有序推进无人驾驶、低空经济等新兴产业发展，开展新技术新产品新场景应用示范"。2024年底，国家发展和改革委员会正式设立低空经济发展司。2025年，国务院政府工作报告再次提到低空经济，"开展新技术新产品新场景大规模应用示范行动，推动商业航天、低空经济等新兴产业安全健康发展"。

国家大力推动低空经济的发展，背后有着深刻的战略考量。作为低空经济发展的支柱，无人机已经成为扩大内需、促进就业、推动产业转型升级和国民经济发展的战略性新兴产业，将在未来5~10年迎来产业化浪潮，进入黄金发展期。

---

① 钟道运：《黄色预警：广东驾培投资风险变大》，《中国道路运输》2024年第11期。

　　低空产业链构建涵盖制造、运营、服务与保障四大环节，各环节紧密交织，共同推动低空经济的蓬勃发展。运营环节则充分展现了低空经济广泛的"+应用""+服务"产业链应用场景，赋能千行百业，不断催生新业态新模式。无人机物流、低空旅游、城际空中交通等领域逐渐成熟，形成庞大的产业链和产业集群。物流领域从"最后一公里"到"空中高速路"，农业领域从"面朝黄土"到"智慧耕作"，旅游领域从"平面观光"到"立体体验"，建筑领域从"人力密集型"到"智能集约化"，交通领域从"二维拥堵"到"立体网络"，一切都从"遥不可及"到"触手可及"。未来五到十年，低空经济将迎来技术创新和结构突破。随着 2025 年 3 月广东亿航通用航空有限公司收到由中国民用航空局颁发的民用无人驾驶航空器（eVTOL）运营合格证（OC），其成为全球首个具备无人驾驶载人航空器完整商业运营资质的公司。此前，其已取得全球首个载人 eVTOL 产品型号合格证（TC）、标准适航证（AC）、生产许可证（PC）。

　　2024 年 1 月 1 日，国务院、中央军事委员会公布的《无人驾驶航空器飞行管理暂行条例》正式施行，规定操控小型、中型、大型民用无人驾驶航空器飞行的人员须持操控员执照，不能"无证驾驶"。作为我国无人驾驶航空器管理的首部专门行政法规，它的实施标志着中国无人机产业将正式进入规范化发展的新篇章。

　　根据规定，在我国境内凡是起飞重量大于 7.5 公斤、飞行高度 120 米以上、飞行距离 500 米以上，三者满足其一，无人机操控员就必须持有经考试合格后，由中国民用航空局颁发的民用无人驾驶航空器操控员执照（以下简称民用无人机操控员执照），才有资格飞行。操控无人机超视距飞行、空域申请等操作均需持有执照，否则无法通过合法程序完成飞行报备，未持证飞行将被视为"黑飞""乱飞"，会面临罚款甚至刑事责任。

　　低空经济是产业发展新赛道、经济增长新引擎，已成为政府、行业、企业的共识。但是，低空经济领域尚处于起步阶段，需要进一步完善政策法规、提升保障措施、强化市场开发。当前制约我国无人机事业发展的是"有机无人""有人无技"，很多生产和装备使用单位的无人机飞控人员十分

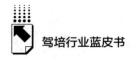

紧缺，迫切需要社会力量鼎力支持。

据统计，截至 2024 年底，民用无人驾驶航空器综合管理平台（UOM）已有注册企业 320 万家，操控员执照 27 万个，运营合格证 2 万个；[①] 中国注册的无人机总数达 200 多万架[②]。中国民用航空局的数据显示，截至 2025 年 4 月 29 日，全国申请注册的开展无人机教培业务的机构达 2127 家。

低空经济的发展催生了无人机操控员这样的新岗位。在 2024 年 10 月 8 日国新办新闻发布会上，国家发展改革委副主任专门提到，"据有关部门测算，现在我国这个岗位的就业人才缺口高达 100 万人"。[③]

近年来，随着低空经济发展不断提速，行业人才需求的数量和种类正在不断增长。在无人机领域，除了"飞手"缺口外，还有约 350 万无人机装调检修工需求；而在 eVTOL 领域，业内人士称总体集成、动力系统、飞控系统、工艺制造、试飞人员、场景运营、飞行器维修等多个方向对人才仍有较大需求。[④]

根据相关协会专家预测，未来三年无人机操控员以及维修技术人才需求量近 200 万人，技术型人才和管理人才的需求也将出现井喷，无人机人才成为我国紧缺型人才之一，成为应用方争抢的时代宠儿。

（三）驾培行业融入低空经济的可能性分析

随着无人机在各行业的应用不断深化，对专业操控人才的需求将持续攀

---

① 《全国民用无人驾驶航空器操控员训练研讨会在京举办》，中国民航网，http://www.caacnews.com.cn/1/2/202501/t20250116_1384393_wap.html，2025 年 1 月 16 日。

② 《截至目前，我国无人机经营性企业已超过 1.7 万家，全国实名登记的无人机已超过 200 万架》，深圳市航空业协会，https://mp.weixin.qq.com/s?__biz=MzI2NDMzNDk3Mw==&mid=2247518984&idx=6&sn=f0bdda9113c4fb45e7bc76907fbfc7de&chksm=eb7a13239 d0edd4cf79a0eb6104cf8adc9c10d53a16a71aaedad9e8f1d0e4b2be7c00e674911&scene=27，2024 年 10 月 30 日。

③ 《低空经济"起飞"，职业教育如何"接招"》，光明网，https://m.gmw.cn/toutiao/2025-04-07/content_1304009173.htm，2025 年 4 月 7 日。

④ 《国内无人机"飞手"人才缺口达 100 万人！低空经济求才若渴，这些专业备受青睐》，百度，https://baijiahao.baidu.com/s?id=1812709734312688181&wfr=spider&for=pc，2024 年 10 月 12 日。

升，迫切需要构建规模化的人才培养体系。驾培行业正好具备一定的优势，拥有现成的场地资源、人力资源、教师资源、招生资源，经过适当改造与调整，即可用于无人机飞行训练、招生、产业链延伸。开展无人机教培业务后，驾校不仅能够拓展业务范围，而且还能够顺势提升自身的服务能力与品牌形象。

1. 驾校教练场地是驾培行业融入低空经济的重要依托，可以实现场地复用

驾校教练场地是驾培机构备案的必要条件，并且相对封闭，道路状况简单，专用的训练场所是实现驾驶员培训标准化、规范化、科学化的必要条件。在小型车辆（不包括大型客车、牵引车、城市公交车、中型客车、大型货车等任意一种车型）培训驾校中，三级驾校用地面积最低大约 15 亩地，二级驾校最低大约 25.5 亩，一级驾校最低大约 49.5 亩。

而无人机场地应设计为两个相连接的标准半径 6 米的圆圈，形成"8 字飞行圈"。这样至少需要提供 12 米长、24 米宽，共计 288 平方米的飞行区域。同时，为了确保安全，一般在周边预留约 5 米的安全距离。因此，整个安全飞行区域的长方形尺寸通常设计为长约 30 米、宽约 25 米，估算总面积为 750 平方米。为了能够容纳更多学员学习，一般飞行场地至少设置为 1500～3300 平方米。驾校场地通过简单的标识设置与防护设施安装，完全可以满足飞行训练要求。

另外，适用于无人机教培业务的教员办公区、理论模拟教学区、组装及维护维修区、充电室对驾校来说，只需要对原有办公室做简单改造即可。

案例 1 唐山玖珑驾校打造无人机驾驶培训基地

河北唐山玖珑驾校利用驾校内闲置土地打造占地 3 万平方米的无人机驾驶培训基地，配备中国民用航空局（CAAC）认证的飞行训练场地及多类型无人机设备，涵盖执照培训、应急救援等课程。

与地方政府合作，开设民用无人机操控员执照培训、飞手俱乐部及低空产业教育基地，培养复合型低空经济人才。将无人机技术融入消防灭火、物流配送等实操训练，提升学员对低空经济应用场景的认知。

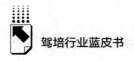

其创新点如下。

（1）跨界融合：由传统驾校转型的无人机驾驶培训机构，实现"地面驾驶+空中飞行"双赛道布局。

（2）政策响应：率先取得中国航空器拥有者及驾驶员协会等颁发的《民用无人机驾驶员训练机构合格证》，成为唐山市低空经济人才储备核心基地。

（3）产研结合：与北京坤翼科技有限公司达成深度技术合作，围绕无人机领域开展研发、生产等技术合作，致力于推动无人机技术的创新与产业升级。

实施成果：①经济效益：创收超百万；带动周边无人机设备销售及技术服务产业规模大幅增长。②社会效益：填补区域低空经济人才缺口，部分毕业学员进入消防、物流等领域就业；推动低空经济行业标准化发展。

不同的是，无人机场地要求远离强电磁干扰源，如高压线、变电站、雷达站等，以减少电磁干扰对无人机飞行控制系统的影响，确保飞行稳定和安全；要求场地应平整、开阔，无高大建筑物、树木或其他障碍物遮挡，以保证无人机有足够的起降空间和飞行通道；要求场地远离飞行限制区、禁飞区、军事基地等敏感区域，确保训练过程中不会侵犯到他人的空域权益或引发安全问题；场地应尽量远离人群聚集地和人群居住区，减少对周边环境的负面影响。

2.驾校业务模式是驾培行业融入低空经济的关键抓手，可以实现业务复用

多年来，驾校在摸爬滚打与激烈竞争中，已经形成自己独特的业务模式，学习了很多营销手段，重视提升知名度和影响力。有的进行广告推广，力争品牌露出；有的高价购买线索，努力沟通转化；有的大建地推团队，"人海战术"锐不可当。伴随着移动互联网时代的到来，多数驾校和员工都在开设微信公众号、抖音号，甚至进行直播，也开始有专门的人或团队来负责运营管理社交媒体。

如今，驾校在多元化招生方面利用过的渠道包括：网点渠道，在人流量大且位置显著的超市、学校、社区、十字路口建立招生网点，设置智慧模拟器门店；网络渠道，如官网客服招生、高德地图、百度地图、美团、小红书等；微信渠道，如设置公众号，建立微信招生朋友圈等；地推渠道，由业务人员组成，采用各种形式进行终端招生推广；学校渠道，由各大学的代理组成并由驾校专人负责；网群渠道，如兴趣爱好 QQ 群、豆瓣群、论坛群等；代理渠道，如周边小驾校、便利店、租车行、机票点合作代理等；异业联盟渠道，如保险公司、房产中介业务赠送代金券等；事件营销渠道；团购渠道；不一而足。

案例 2　深圳鹏城驾校开设无人机飞手培训班

深圳市鹏城机动车驾驶员培训有限公司成立于 2011 年，是深圳知名的本土老品牌，覆盖深圳六大区，历年培养合格的驾驶员近 20 万。2024 年，鹏城驾校开始筹备并成功开设无人机飞手培训班。针对物流、巡检、测绘等领域需求，开设多旋翼、垂直起降固定翼等细分课程；通过社区 AI 夜校开展公益培训，为外卖骑手、制造业转型人员提供"零门槛入学+带薪实训"服务；针对高校毕业生开设"无人机+AI"复合型课程，融合编程、数据处理等技能，学员可进入无人机研发、算法优化等高附加值岗位。

驾校在鼓励全员利用小红书进行传统机动车驾驶学员招生的同时，针对无人机飞手培训开展网络招生，并在老学员中推广，取得了单月招生 30 人的良好开局。

案例 3　行健驾校首家获得无人机驾驶培训资质

低空经济崛起催生了无人机人才需求，传统驾培行业迎来转型机遇。2024 年 6 月，行健驾校参加中国交通运输协会举办的无人机驾驶培训专题研修班，之后迅速落实落地，成为滇西地区首家获得无人机驾驶培训资质的驾校，不断探索驾培市场与低空经济融合发展。

在初步建设阶段，驾校依托现有教学资源，仅用 3 个月完成软硬件升级，投资约 30 万元购置 3 架多旋翼无人机、模拟飞行系统等设备，获得相关资质，并于 2024 年 9 月顺利通过审批挂牌，相关证照参见图 1。首批招

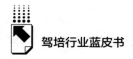

生 26 人，毛利润达 24.96 万元，考试合格率高达 75%，标志着驾校"空地一体"融合发展初见成效。

在快速发展阶段，驾校系统规划宣传推广路径，精准覆盖大学生、青少年及社会群体，积极对接行业主管部门与航模协会，组织高校专题讲座，并与 13 所中学、22 所小学合作开设兴趣班。项目迅速打开市场，截至 2025 年 3 月底，意向咨询学员超 300 人，已招收 97 人，其中超视距操控学员占比 80%，大学生学员 49 人，市场反响热烈，培训多样化与高附加值逐渐显现。

招生是驾校的生命线，也是无人机教培机构的生命线。由于驾校招生业务模式与无人机教培招生业务模式相近，人员易于转型，驾校的招生经验、管理流程可直接复制，获客成本比专业机构低。而且可以同时开展机动车、无人机培训招生，实现一人多技。当然，如果开展无人机教培业务的驾校在当地品牌、实力及口碑效应上乘，在社会渠道招生方面更具有优势，在行政事业单位的无人机飞手招投标中胜出的概率也更大。

3. 驾校师资队伍是驾培行业融入低空经济的关键要素，可以实现师资复用

十多年来，市场上涌现出一批又一批优质品牌驾校。它们一般拥有成熟的师资队伍与完善的培训体系，其核心理念是以学员为中心，为学员提供优质、专业、贴心的服务。其教学服务要求它们定期对教练进行专业技能培训，鼓励教练参加行业交流和学术研究，不断提升自身的专业素养。其教练团队会选择个性化教学模式，制订不同学员的个性化教学计划，在教学过程中，及时给予学员反馈，在肯定学员进步的同时，指出其操作不足并提出改进建议；其定期更新模拟驾驶设备、教练车辆，为学员提供宽敞明亮、干净整洁的训练场地和休息区。其沟通互动机制包括学员反馈机制，设置专门的反馈渠道，鼓励学员对教学质量、服务态度等方面提出宝贵意见；还包括开展学员活动，如驾驶技能竞赛、安全驾驶讲座等，增强学员与驾校之间的互动和联系；提供跟踪服务，在学员完成培训后，所有教练员应了解学员驾驶技能掌握情况和上路驾驶的适应性，并提供必要的后续支持。其激励机制包括定期评选优秀学员并给予奖励，激发学员的学习热情和积极性；包括教练员考核激励，对表现优秀的教练员给予奖励和晋升机会，对于教学质量不佳的教练员进行约谈和调整。

驾校教练员转型成为无人机教员相对比较容易。他们熟悉机械原理，能够更快地掌握无人机专业知识，包括设备维护和使用技术等，实现能教"地面的桑塔纳"，也能教"空中的特斯拉"。根据法规要求，教练员首先要通过超视距级别，满足 100 小时训练飞行时间，才可以考教员等级证，一般一个半月到三个月时间完成。驾校教练经过专业培训后，能够将汽车驾驶培训中的教学方法与经验自然而然地应用于无人机操控培训，如道德素质、业务素质、能力素质、心理素质、身体素质等，对学员操作规范性严格要求、对学员安全意识强化培养、对教学内容有效沟通，甚至可以在驾校内部实现机动车教学和无人机教学的忙闲切换，提高人员使用率。

如果能够将这些师资队伍与服务资源快速整合到无人机驾驶培训业务中，形成"机动车+飞行器"的双轨制培训服务模式，不仅能契合市场对不同类型驾驶技能培训的需求，还可以为驾校开拓新的业务领域，从而有效提升驾校的市场竞争力与盈利能力。

案例 4　清远粤通驾校招收无人机操控学员

随着低空经济的快速发展，社会对兼具驾驶技能与低空领域知识的复合型人才需求日益增长，驾培市场迎来新的发展契机，清远市粤通机动车驾驶人培训有限公司顺应行业趋势，决定探索两者融合发展。2025 年 1 月，精心挑选骨干员工组建专业团队，并参加相关学习与培训，提升团队专业素养，同时安排 2 名骨干员工考取中国民用航空局（CAAC）教员资格证。2025 年 4 月，正式启动招生培训工作，面向社会招收对低空经济领域感兴趣的学员。目前虽刚刚对外招生，但已有多人咨询报名。

在竞争激烈的无人机教培市场中，品牌建设同样不容忽视。驾培机构仍然必须通过优质的教学服务、高通过率的培训成果以及良好的学员口碑，提

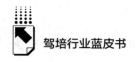

升品牌知名度与美誉度。利用线上线下相结合的方式进行市场推广，线上通过社交媒体、专业论坛、官方网站等渠道发布课程信息、成功案例，吸引潜在学员；线下参加行业展会、举办讲座、与企业合作开展内训等，拓展业务范围。与各大高校、职业院校建立合作关系，开展联合培养项目，为学生提供实习和就业机会，进一步扩大品牌影响力。

二　驾培行业融入低空经济的门槛

驾培行业融入低空经济领域，最简便的方法是申办中国民航飞行员协会颁发的《民用无人机驾驶员训练机构合格证》，能够快速了解低空经济的生存法则，判断未来低空运行管制的逻辑。

可以说，运营资质等资质门槛是最重要的门槛。开展低空经济场景业务，必须办理民用无人驾驶航空器运营合格证。若从事民用无人机操控员执照培训，还需申请到中国民用航空局执照考试管理服务提供方审定的训练机构资质。低空经济涉及多行业运营场景应用，若要开展相关业务，必须办理行业资质，如从事物流配送需具备物流相关资质，进行测绘需具备测绘资质等。也有的机构通过注册低空经济研究院、无人机研究院、低空飞行研究院迅速融入低空经济圈内。

资质申请成功后，就可以着手开展中国民用航空局（CAAC）颁发的民用无人机操控员执照培训业务。执照的分类分别按照重量、机型、级别进行：按重量分为小型和中型，按机型分为直升机，固定翼、多旋翼和垂直起降固定翼；按级别分为视距内、超视距和教员。

另外，资金门槛也是必须考虑的。驾校运营无人机教培机构所需要的资金包括：资质申请、飞行器购置、维护保养、人员工资、场地租赁、电池等费用。最后还人才门槛，开始主要是教员资质；经过业务拓展后，驾校可能还会需要管理人才，负责企业运营管理、市场开拓、项目策划等工作；确保机构的正常运转和发展。可能还会需要行业应用人才，根据不同应用场景，如农林植保、物流配送、旅游观光等配备熟悉相应行业业务的教职人员。

申请民用无人机驾驶员训练机构步骤大致为：①确定飞行场地，依据场地坐标申请空域；②按照要求建设理论、实训场地和飞行场地，配备培训教学教具，制定教学大纲、教学流程；③提交主管部门要求的申请资料；④资料审核合格后，申请局方审核人员现场审核验收；⑤等待主管部门授权资质。

三　驾培行业融入低空经济的发展路径

低空经济产业链相当复杂，主要包括研发设计、生产制造、系统集成、市场营销、服务支持、教育培训等重要环节，其中市场营销、服务支持、教育培训都是驾培行业可以融入的领域。驾培行业融入低空经济的整体原则是：先从民用无人机驾驶员训练机构入手，掌握规则，吃透政策，在产业链条上拓展空间，从"单一飞手培训"向"综合技能服务商"逐步转型，获得更大的发展空间。

（一）社会招生

在取得《民用无人驾驶航空器运营合格证》《空域批文》《民用无人机驾驶员训练机构合格证》等资质后，驾校成为中国民用航空局认定的无人机驾驶员培训机构。这样就可以开启驾校社会招生的传统模式，为学员提供相应的民用无人机操控员执照培训（考试）一体化服务。目前，无人机驾驶员的就业领域以影视航拍、农林植保、电力巡检、航空测绘为主（50%以上），在警用、消防、应急救援、行政执法等领域也占到较大比例。

例如，安徽省驾培联盟通过增设无人机课程，为旗下驾校带来了显著的经济效益提升。单校年收入增长15%~20%，这一数据表明无人机驾驶员培训业务能够成为驾校新的盈利增长点。

随着全球经济的发展和科技的进步，无人机在国际市场上的需求也将不断增长。中国的无人机教培机构可以凭借自身的技术优势和丰富的培训经验，拓展国际市场，为全球培养无人机专业人才。

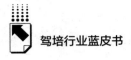

例如，一些发展中国家在基础设施建设、农业现代化等方面对无人机的需求巨大，但缺乏专业的培训机构。中国的无人机教培机构可以与这些国家开展合作，提供培训服务，实现互利共赢。

驾校的传统业务主要局限于传统的汽车驾驶培训，业务模式单一，市场竞争力有限。驾校如果用好驾校招生渠道，完全可以实现"双照"组合销售，打出"报名机动车驾照+无人机驾照，总价立减××元"的宣传语，为学员提供更加多元化的培训服务，满足学员在不同领域的技能学习需求。学员在学习汽车驾驶技能的同时，可选择学习无人机驾驶技能，为未来的职业发展或个人兴趣爱好增添更多选择。

驾校可以针对现有及原有学员人群进行市场二次开发，据已开展无人机教培业务的驾校统计，每年现有以及结业的学员，转化率可以达到10%左右。也可以针对高考生、大学生开展无人机教培，同时兼顾机动车驾驶培训。

当然，驾校也可以根据自身情况，轻资产运营，缩小规模，仅选择做"理论+模拟器"培训，实操环节外包给专业飞场，课时费降低60%，同样可以收获一定的效益。也可以选择会员制续费，学员每年支付，无限次使用模拟器练习，实现共赢。

（二）定向培养

驾培行业转型进入无人机教培领域恰逢其时，但是社会需求尚未形成规模，完全依靠社会招生生存是不现实的。当下还必须通过精准定位市场需求，提供针对性强的培训课程，定向培养、定向输送、定向投标，方能迅速在这片蓝海中占据一席之地。

驾校可以选择与应急、交通运输、公安、消防、执法、农林、海洋、气象等政府部门，或者勘探、测绘、电力、石油、天然气、工业、建筑、物流、景区等企业主体建立紧密的合作关系，形成"培训—就业—服务"一体化定向培养生态闭环，为其培养专业的无人机操控人才。

例如，驾校推出"无人机执照套餐"，聚焦航拍摄影、空中测绘、农业植保、吊运等细分领域开展系统化技能培训；驾校与物流公司合作，针对物流配送的特点，培养学员掌握无人机在城市复杂环境中的低空飞行技巧、货物装卸与配送流程等技能；与景区合作，培训学员具备利用无人机进行景区航拍、游客流量监测等能力；与应急管理部门合作，培养学员在应急救援场景下使用无人机进行灾情勘察、物资投递等技能。

定向培养能够为学员提供就业岗位，确保学员学以致用，实现稳定就业。如针对军队现役和退役人员进行培训。据调查，退役人员学习无人机可以享受到政府对学费一半的补贴。同时，学员在工作过程中积累的实践经验又可以反馈给驾校，帮助驾校进一步优化培训课程，提高培训质量。在服务环节，各方通过合作，共同探索无人机在不同领域的创新应用，如物流公司与驾校合作研发新型的无人机物流配送模式，景区与驾校合作开发基于无人机的智慧旅游服务产品等，不断拓展低空经济的应用场景，推动整个生态系统的良性循环与可持续发展。

案例5　青岛平度市驾培机构"无人机"业务的实践

在青岛平度市，华森、天桥等驾校在探索无人机教培业务方面取得了一些成果。这些驾校成功获取中型多旋翼无人机视距内/超视距培训资质，为开展全面、专业的无人机教培业务奠定了坚实基础。

为实现培训与就业的无缝对接，它们构建"培训+就业"直通车模式。它们深入调研市场需求，积极与航拍、电力巡检、森林防火等企业建立紧密合作关系。根据企业的实际需求，针对性地调整培训课程内容与教学方法，确保学员完成培训后能够直接进入对口企业就业。例如，针对电力巡检企业的需求，驾校在培训中重点强化学员对无人机在复杂电力设施环境下的飞行操控能力以及故障检测技能的培养。在教学过程中，搭建专门的电力设施模拟场景，模拟高压线塔、变电站等复杂设施环境，让学员在模拟环境中练习无人机在这些设施周围的飞行操控，学习如何避开障碍物、保持安全距离。同时，教授学员使用专业的检测设备，如红外热成像仪、高清摄像头等，对电力设施进行故障检测与识别，掌握常见电力故障的特征与判断方法。

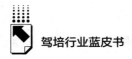

对于从事森林防火的企业，学员需掌握无人机在山区等复杂地形进行火情监测的技巧以及与地面指挥中心的协同作业能力。在培训中，组织学员前往山区实地进行飞行训练，使其熟悉山区的地形地貌、气流变化等特点，学习在复杂地形中规划飞行路线，确保能够全面覆盖监测区域。加强学员与地面指挥中心的通信训练，使学员能够准确、及时地向指挥中心汇报火情信息，接受指挥中心的调度安排。

再如，当地一家从事电力巡检的企业根据自身业务发展情况，向驾校提出对无人机操控员在复杂电力设施环境下飞行技能以及故障检测能力的具体要求。驾校据此调整培训课程，增加相关的模拟训练与实践教学环节。经过培训的学员进入该企业后，能够迅速适应工作岗位，独立完成电力巡检任务，得到企业的高度评价。

这种精准对接市场需求的"培训+就业"模式，不仅大幅提高了学员的就业成功率，还为企业输送了大量高素质的专业人才，实现了驾校、学员与企业的三方共赢。自平度市开展无人机教培业务试点以来，无人机学员数量呈现迅猛增长态势，年均增长率高达40%。在通过资质考试的学员中，有80%的学员能够直接进入对口企业就业。

案例6 广东无人机驾驶员培训项目（定向高速公路）介绍

随着高速公路网络的不断完善和交通流量的持续增长，传统的人工巡检和交通管理方式已难以满足高效、精准的管理需求。无人机技术的引入，以其独特的视角、高效的作业能力和丰富的数据收集能力，为高速公路管理带来了革命性变革。因此，培养一批具备无人机驾驶技能和高速公路管理知识的专业人才，已成为交通行业发展的迫切需求。

这项高速公路定向培训极为注重实操训练，为学员提供充足的实操机会，确保学员能够熟练掌握无人机驾驶技能，并具备独立执行巡检任务的能力。培训机构拥有专业的无人机实操场地和模拟高速公路环境的实训设施，为学员提供安全、可靠的实操环境，确保培训质量和效果。

其定制化课程设计如下内容。

（1）无人机巡检技术：结合高速公路巡检的实际需求，设计无人机巡检技术课程，涵盖无人机操控、巡检路线规划、数据收集与分析等内容，旨在提升学员的无人机巡检效率和准确性。

（2）交通流量监测与分析：开设交通流量监测与分析课程，教授学员如何利用无人机进行交通流量数据的采集、处理和分析，为高速公路的交通管理提供科学依据和决策支持。

（三）技能跃迁

CAAC 无人机执照（民用无人机操控员执照）是当前无人机行业的"准入证"，分为视距内操控员（原称驾驶员）、超视距操控员（原称机长）、教员三个等级，覆盖直升机，多旋翼、固定翼、垂直起降固定翼等机型。持有该执照可从事很多工作，举例如下。

（1）工业应用：电力巡检、消防应急、公路巡检、国土测绘、林业勘测、海关巡检等。

（2）商业服务：航拍摄影、物流配送、农业植保、三维建模、商业表演等。

（3）教育培训：持教员证可以进行教育培训，教员等级的取得需在考取超视距等级后，完成 100 小时飞行培训并通过教员考试。

（4）方案制定：参与空域申报、航线规划、限飞区解禁等，为企业提供合法飞行解决方案。

视距内操控员为合格证最初等级，其次为超视距操控员。超视距操控员等级更符合行业中对飞行的要求，且超视距操控员为考取教员等级的基本条件。教员等级为培训机构申请资质的条件之一，需持超视距驾驶员合格证飞行时间满 100 小时，经过培训考试合格后方可拿证。

除 CAAC 无人机执照外，市面上还有另外一些常见的证书：中国航空运动协会（ASFC）的《遥控航空模型飞行员执照》、大疆慧飞（UTC）和中国航空运输协会颁发的《无人机驾驶航空器系统操作手合格证》、中国航空

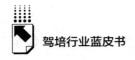

器拥有者及驾驶员协会（AOPA）的《民用无人机驾驶员合格证》等。

另外，人社部颁发四个工种（无人机驾驶员、无人机装调检修工）的国家职业技能等级证书，教育部颁发"1+X"证书（无人机驾驶员、无人机装调检修、无人机植保等），各有特色，建议同步考取，多证加持可进一步提升学员竞争力。

当然，驾校可以通过各种渠道整合资源，实现跨界"考证+"，从"单一操控"培训转向"场景专家"培训，把有潜质的"飞手"培训成"复合型人才"。如载人低空飞行器驾驶员、低空飞行器研发工程师、低空交通管制员、航空维修技师、气象工程师、低空经济产业规划师、无人机应用解决方案专家、低空旅游体验师、起降场建设工程师、场地空域规划师、飞行调度员、数据分析师、安全监管员、无人机应用工程师、无人机设备维护员、无人机维修工程师、无人机售前技术员、无人机售后工程师、无人机农业植保技术工程师、影视航拍飞手（云台手）、无人机巡检技术工程师等新兴岗位的重要性日益凸显，且人才缺口巨大。

（四）校企合作

2025年3月，教育部部署实施高校学生就业能力提升"双千"计划（简称"双千"计划），推动全国范围内开设1000个"微专业"（或专业课程群）和1000个职业能力培训课程。"双千"计划面向低空经济等人才急需领域，建设"微专业"和职业能力培训课程，主要面向本科、高职（专科）中高年级学生开设。鼓励企业、社会组织、培训机构等自主开发培训资源，支持高校与人力资源社会保障部门、用人单位协同，深化校企对接合作，紧密结合当前就业市场用人需求，组织学生参与培训和实习实践。

这只是国家重视低空经济培训教育的一个缩影。校企合作与产教融合是低空经济专业建设的重要内容，通过与企业的深度合作，可以为学生提供更多的实践机会和就业机会，同时也能为企业培养更多符合实际需求的高素质人才。在低空经济专业中，驾培行业可以在校企合作与产教融合的实施中做好以下工作。

建立校企合作基地。驾校可以与无人机制造企业、航空物流公司、低空空域管理部门等合作，建立院校实习基地和实训中心。配备前沿的无人机硬件设备，如具备高精度测绘功能的专业级无人机、适用于物流配送的大容量载重无人机等，搭建完善的软件模拟系统，能够模拟各类复杂飞行环境与任务场景。学生可以通过在这些基地的实际操作和项目实践，深入了解低空经济的实际运作流程和技术应用，提高实践能力和职业素养。院校积极对接企业、联盟、行业协会等，围绕低空经济重点细分方向开展合作，通过共编教材、共同设计和实施跨学科教育培训项目、开展学术交流与合作办学、联合组建科研平台等产学研协作机制，同步培育满足低空经济发展需求的教师和人才。

开展校企联合培养项目。驾校可以与院校、企业共同设计和实施联合培养项目，如"订单班""现代学徒制"等，实现招生即招工。定制化培养人才，确保学生在毕业后能够快速适应企业的工作环境。例如，学校可以与无人机制造企业合作，开设无人机设计与制造方向的订单班，学生在学习理论知识的同时还能参与企业的实际项目，提高专业技能。可以采用"双导师"制度，驾校选派经验丰富的工程师担任实践导师，负责指导学生的实践操作、项目实习等环节；学校教师则作为理论导师，夯实学生的专业基础知识。还可以申请开设无人机相关专业，学生完成学习后，由企业选择符合条件的学生进行顶岗实习。

参与承办职业技能赛事。参与或承办国家级、省级无人机应用技术职业技能大赛，可以把竞赛类的能力拔高到新的阶段，从而更好地服务于社会需求，增强驾校与合作方的社会影响力、专业号召力。利用已有的设施设备，举办省级甚至国家级无人机应用技术职业技能大赛，并根据比赛结果，由有关部门颁发国家承认的职业技能资格证，以激发优秀学生对无人机应用技术行业的兴趣。

形成无人机教育集群。可以推进民用无人机操控员执照考培基地、无人机职业技能鉴定中心、无人机系统研发中心、无人机行业应用研究中心，以及无人机青少年科普基地落地校园，让学校成为全地区大学、高职院校无人

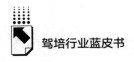
机应用技术专业的领航者,以及相关社会企业的技培中心、知识"加油站"。比如,可以通过深入研究无人机测绘"1+X"职业技能等级标准与目前专业教学中存在的差异,将证书的培训内容有序、有机融入测绘工程专业的核心课程体系,设置相应的模块化实训项目,围绕无人机测绘职业技能进行高素质复合型人才的培养。

案例 7 某校测绘工程专业课程教学体系中关于"无人机"的课程信息

某校无人机测绘课程的基本信息见表 1。

表 1 某校无人机测绘课程的基本信息

课程类别		专业(技能)课	适用专业	测绘工程
开设学期			所需学时	36
相关前导课程		无人机基础知识、低空空域管理法规、无人机应用技术基础等	相关后续课程	顶岗实习
课程任务		培养学生操控无人机获取航空影像的技术和方法,通过影像提取地物地貌等特征信息,从而生成数字线划图、数字高程模型、数字正射影像、数字栅格模型、倾斜三维模型等测绘产品的能力,要求学生掌握无人机航空摄影、地形图测绘、像片控制测量、像片调绘、解析空中三角测量、航测内业成图、航空影像处理等生产工作和组织管理工作,成为社会可靠测绘信息方面的高技能人才。		
课程目标	知识目标	(1)理解无人机测绘相关的基础知识; (2)理解测绘型无人机相关知识与操控; (3)掌握摄影测量相关的内外方位元素概念、共线条件方程及立体像对定向和立体量测; (4)掌握航空摄影实施,掌握相片控制测量方法和技术要求; (5)掌握无人机航测数据处理方法步骤及 4D 产品制作流程及技术要求; (6)掌握像片调绘的方法和内容; (7)了解倾斜摄影测量理论; (8)了解倾斜摄影三维建模方法步骤和技术要求; (9)了解无人测绘行业的应用情况。		
课程目标	能力目标	(1)会操控航测无人机完成测绘任务; (2)会利用无人机采集影像及进行数据生产; (3)会对数据进行空三处理; (4)会利用软件对数字影像进行 DEM、DOM、DLG 的生产和编辑; (5)会进行倾斜摄影测量数据处理及三维模型的"生产"。		

（五）航模竞赛

《遥控航空模型飞行员执照》又称航模证书，航模爱好者可操控 25 公斤以下的航模。证书需通过训练考核获得，考核内容侧重实操，高等级证件考试难度较高。目前，《遥控航空模型飞行员执照》持证人数较少，在行业内的认可度低于 AOPA 证，一般持证人为航模发烧友，可以作为驾校融入低空领域的一个选项。

中国航空运动协会（ASFC）制定了《遥控航空模型飞行员技术等级标准实施办法（试行）》，利用在全国 31 个省区市直属 ASFC 分会的组织优势，授权一批遥控航空模型飞行培训及执照考核认定单位，开展航空模型及微型无人机的培训与考核，学员取证后，还可以被吸收为中国航空运动协会正式会员。ASFC 根据所使用的机型不同，分为遥控固定翼模型飞机（A 类）执照、遥控模型直升机（C 类）执照、遥控多旋翼模型飞行器（X 类）执照等类型；根据飞行动作技术难度，分为初级执照、中级执照、高级执照等。

中国航空运动协会成立于 1964 年 8 月，开展轻型飞机、自由气球、滑翔机、跳伞、滑翔伞、动力伞、悬挂滑翔翼和航空航天模型、无人机等航空体育项目。1978 年，中国航协加入国际航空联合会，是代表中国参加国际航联及其活动的唯一合法的全国性组织。航空运动具有科技含量高、消费时尚性强、带动相关产业作用明显等特点。

当前，无人机竞速、电竞和机器人格斗并称"世界三大新兴智能运动"，已经进入黄金发展时期。无人机竞速也被誉为"空中 F1 运动"，其最高时速超过 200 公里/小时，百公里加速 1.6 秒，手动操控，对飞手拼装、调校、临场反应和操控要求极高。

在我国，航模运动可以视作无人机在青少年群体蓬勃发展的起点。20 世纪 90 年代，全国各地开始举办为数众多的航模大赛，航模大赛上的参赛遥控飞机其实就是一种简易无人机。

青少年航空科技教育可以为无人机事业发展提供人才后备力量，2018

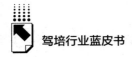

年，中国航空器拥有者及驾驶员协会（AOPA）发起并推动实施"梦天计划"；2019年，新三板上市公司北京中斗科技——基于北斗位置应用、利用移动互联技术打造航空体育产业和低空安全领域信息化业务的应用服务商，发起了"冠军计划"，以提高青少年的综合素质、提升中国无人机运动水平为目标，为青少年航空科技教育项目落地搭建平台。

2021年，无人机成为全运会比赛项目，无人机全国锦标赛等国家级赛事正式立项，无人机俱乐部联赛等职业赛事启动，无人机专业队、专业俱乐部涌现。国外职业赛事DCL等也纷纷落户中国。

2025年的赛事有：中国无人机足球联赛、中国无人机竞速联赛、全国纸飞机嘉年华暨"放飞梦想"全国青少年纸飞机通讯赛总决赛、"飞向北京·飞向太空"全国青少年航空航天模型教育竞赛活动（无人机项目）总决赛、第二十六届"飞向北京·飞向太空"全国青少年航空航天模型教育竞赛活动总决赛、中国国际飞行器设计挑战赛（分站赛）、中国国际飞行器设计挑战赛总决赛、全国航空航天模型（航天、自由飞）锦标赛、全国航空航天模型（室内项目）锦标赛、全国青少年航空航天模型锦标赛等。

（六）建立综合基地

无人机技能鉴定中心。近年来，我国对职业资格认定进行较大调整，无人机方面有3个认证，分别为：无人机驾驶员、无人机装调检修工、无人机测绘操控员。通过建设无人机技能鉴定中心，与当地人社部门建立联系并申请技能鉴定资质后，可面向在校学生及社会机构、组织等开展技能鉴定业务，确保在校学生能够顺利取得双职业证书（民用无人机操控员执照和无人机职业资格证），为学生走向社会后多一份职业技能保障。

爱好者科普基地。青少年科普基地是未来中国航空人才培养的基础，也可打造成集爱国、航空于一体的红色科普基地。由于消费级无人机组装操控相对简单，有近一半无人机玩家没有经过系统培训，缺乏相关法规知识与安全意识。驾校可通过开发无人机科普教育网络阵地，拓展兴趣班增值服务，面向广大社会公众、航空爱好者、无人机产业的投资者和创业者以及行业相关人士全面系统、深入浅出、通俗易懂地介绍无人机相关的航空理论知识、行业监管政策法规等知识，以促进我国民用无人机产业依法依规发展，有益于繁荣通用航空文化与扩大行业人才基础群体。

行业应用研究与实训基地。行业应用研究与实训基地可以逐步扩展组装、调试、研发、生产和教学功能，推动无人机行业应用方面的发展。组织相关学生对接所需研发项目，实现多边共赢。学生可在中心学习研究相关无人机技术，确保学以致用，推出"无人机驾驶员认证+就业推荐"一站式服务。可以建立专门的模拟训练设施，帮助学员在安全的环境中掌握飞行技能和应急处理技巧。可以依托相关软硬件，承接各类政府单位、企业的无人机应用类服务需求，如测绘、巡检、勘察、植保及各类定制化服务项目。还可以为企业和投资者提供低空经济市场调研、战略规划等咨询服务，帮助企业和投资者更好地了解低空经济市场，制定合理的发展战略和投资计划。主要功能区和设备见表2。

表2　行业应用研究与实训基地主要功能区及设备

功能区	设备
无人机组装与维护实训中心（无人机的组装、调试、维护维修）	多旋翼无人机装调与检修平台、室内教学组装调试桌、室内教学拆装调无人机实训平台、无人机拆装耗材套装、拆装调无人机实训平台备用电池、室内训练飞行单元系留套件、第三视角防撞智能飞行平台、无人机飞行安全防护场地
无人机行业应用场景教学与开发创新创业中心（植保、电力巡检、测绘、航拍）	多旋翼航拍教学无人机、多旋翼航测教学无人机、无人机五镜头倾斜摄影相机、多旋翼航测无人机、无人机集群编队表演套装、无人机航测图像处理工作站、测绘无人机处理软件、无人机专业镜头、60kg植保机多旋翼教学无人机、智能飞行电池
无人机模拟飞行实训中心（模拟飞行、理论教学）	无人机应用仿真培训系统
无人机教学资源与外场飞行训练考试中心（无人机实操飞行训练、"1+X"考证）	无人机电子执照考训平台、无人机电子执照考试监测系统、RTK基站、无人机云端接入设备、训练专用教练控制系统、考训平台备用电池、考训平台维修备件库、无人机外场训练场地道具

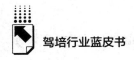

驾培行业蓝皮书

赛事服务中心。通过与当地人社、教体、公安、消防等部门建立联系，共同举办区级、市级、省级、国家级、行业内无人机摄影和组装等赛事。

满足行业技能训练、行业技能大赛的教学培训功能的要求，以便学校承担对社会人员及学院师生进行无人机应用的培训，同时参加教育部、人社部、工信部等主办的职业院校技能大赛，以及承办省级甚至国家级职业技能大赛。

（七）做好机后市场

1. 无人机研发和销售以及二手无人机销售

驾校可以利用招揽无人机操控学员的机会，与相关行政企事业单位建立良好的互动关系，并引入研发生产资源和力量，自行研发、组装无人机并进行销售，也可以和国内有关企业合作代理销售新无人机。

案例8　合肥金武联驾校切入低空经济

2024年，合肥金武联驾校积极谋划低空经济产业发展，成立安徽天机慧智能科技有限公司，于2024年11月22日进行了总部新址搬迁和无人机飞行表演。由于无人机在各行各业的作用愈发重要和凸显，拥有无人机驾驶操控技能及拥有民用无人机操控员执照的行业人才成了各行各业招收的重点对象，为此，该校积极利用校内场地资源，建立多处无人机驾驶培训服务基地，2024年无人机驾驶飞手培训500多人次；持续建立渠道合作300多家，包括无人机销售、维保、培训服务等合作经销商。目前，仅无人机工作团队有50多人，无人机相关产业年营业额4000多万元。金武联驾校低空经济产业项目给公司带来了巨大的经营发展和名誉提升，包括：①经济规模和资本效率大幅提升；②场地利用率大幅提升，配置优化，综合成本下降；③品牌效应叠加乃至重塑，品牌价值升级；④驾校产业链衍生，带来新的发展机遇；⑤渠道扩展、平台协同，客户资源壮大；⑥抗风险能力增强，创新和服务能力提升，社会价值凸显。

2025年，金武联驾校无人机相关产业发展势头迅猛，正在申办的合肥

144

无人机驾驶培训考场考试服务项目有望在本年度落地；4月在合肥市高新区新打造的无人机研发和生产线正式投产，规模化效应凸显，全国范围内的渠道合作商进一步扩大，低空经济产业已经成为金武联驾校未来发展的新引擎。

相较于全新无人机，二手无人机在价格上有着显著优势。通常，二手无人机的售价可节省高达数千元，这样的价格差使得更多人有机会体验和使用无人机。二手无人机市场需求源于新手玩家和专业用户。初入无人机领域的爱好者"炸机"顾虑较大，购买二手无人机能够减轻焦虑和经济负担；专业用户在执行项目拍摄或特定任务时，可能需多台无人机协同作业，购买二手无人机能满足他们的临时需求，节约大量资金。

2. 无人机租赁

通过提供灵活的租赁选项，飞行器租赁可以显著降低进入低空市场的门槛，使企业与飞手能够根据需求快速获得所需的飞行器。这种模式支持了新兴企业和创业项目的成长，促进了低空经济的多样化和扩展。经营性租赁对于租赁企业的资产管理能力有着非常高的要求，专业性极强，而融资租赁则相对门槛较低。通常而言，一架航空器经营性租赁一年的租金可以达到其购买价格的 10%~15%。

3. 维修保养

无人机作为一种比较精密的电子机械设备，要想保证其正常飞行和使用寿命，除了要保证按照规范正常操控使用外，还需要经常对其进行维护保养，包括机身保养、电机保养、螺旋桨保养、遥控器保养、云台和相机保养、电池保养。据专家介绍，一架航空器全生命周期中在维护方面的花费可以达到其购买价格的 50%~100%。无人机飞行时间长，环境变化大，使其震动大，对电池组的耐用性要求很高。再加上缺乏常识，飞行间隔时间不固定，电池经常满电存储，造成电池性能下降很快。同理，无人机的结构尤其是连接部分由于经常拆装和受到震动冲击，容易老化损坏。上述都是无人机需要在维护过程中重点注意的地方。

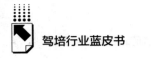

4. 代理保险

低空保险作为保障低空飞行安全、分摊风险的关键一环，多家保险公司积极"入局"低空经济，主要以传统的责任险为主，包括无人机财产损失、无人机第三者责任、人身意外伤害等。而低空经济具备复杂完整的产业链条，其保险的内涵远比当前的实践更为丰富。如上游产业建造的工程保险、责任险、意外险；中游航空器制造的产品责任险、安全生产责任险、航空器试飞保险等；下游应用服务中涉及的航空器运营维护、相关人员责任意外等均需要保险保障，如航空器保险、第三者责任险、货运险、飞手意外险、维修人责任险等职业责任险、网络安全保险等。以头部保险公司中国人保、平安保险和太平洋保险为例，2024 年陆续加码低空保险赛道布局。相信未来低空经济的资金来源和运营模式将更加成熟，银行、投资机构将有专门的金融产品和服务支持低空飞行器的制造、运营。融资租赁模式也会更加普及，降低企业和个人拥有飞行器的购买和使用门槛。

（八）做好数字基建

据专家预测，未来低空经济的基础设施将更加分散和灵活化，会规划建设一批无人机小型起降平台、中型起降场、大型起降枢纽、eVTOL 起降场、直升机起降平台，形成网络体系。大量小型机场和垂直起降场地（如直升机场、空中交通枢纽）将遍布城市和乡村，支持私人飞行、无人机物流等业务。随着 eVTOL 和无人机技术的发展，基础设施的建设将成为低空经济的重要支柱。

但是，我国低空经济基础设施数量不足，难以支撑广泛应用。城市中垂直起降点、充电设施等配套基础设施严重短缺。遍布全国的驾校，可以为低空经济快速布设数字基建提供更多可能。

驾校可以扩建或利用现有场地，增加小型通航起降场设施，能够更快推动飞行服务站、维修基地以及通导监等设施布设，参与低空经济基础设施的布局完善。

驾校还可以设计和建设专用的 eVTOL 起降点，集成充电、加氢、维修等多功能服务，以适应城市空中交通的需求；开发和部署专为 eVTOL 和无人机设计的充电桩和氢燃料加注站，确保其在城市和远程区域的无缝运行。

据了解，临时起降点作为飞行驿站，不仅可以满足无人机飞行要求，而且可以作为应急救援站点（很多地方政府每年可以发放 5 万~10 万元基础维护费），可以为无人机、飞行汽车提供停靠、充电服务（单次 300~500元），还可以成为物流企业无人机驿站（年租金 3 万元）。

案例 9　华航驾校"陆空一体"多元化发展纲要摘录

2024 年 10 月，华航驾校成立华航无人机科技公司，切入无人机教培、设备销售赛道。2025 年 1 月，开启青少年无人机教育项目，完善青少年课程 IP 与获取青少年"白名单"赛事资源，"科技特长生""科技等级认证"双 IP 加持。

1. 无人机教培业务：战略升级带动原有业务增长

（1）设计三阶渐进式课程（模式创新）：理论模拟（20 课时）→实机操作（30 课时）→项目实战（对接本溪林业局巡检项目）。

（2）开展青少年无人机教培：培养三名中小学生无人机课程教师，开展两期无人机进校园活动，组织开设青少年无人机编程班，安排学员参加辽宁省青少年科技创新大赛，以此带动课程续费率超 75%。

（3）实现资源复用。①场地共享：改造驾校闲置场地建设 2000 平方米无人机试飞区，未来可以作为无人机停机坪使用；②流量转化：推出"驾照+无人机证联报优惠"，3 个月内带动无人机招生和汽车驾驶员招生同步增长 15% 和 8%。

（4）成本优化：选拔 4 名资深教练转型无人机讲师，人均培训成本较外部招聘降低 30%；通过相关供应链集中采购设备，无人机采购成本下降 18%。

2. 驾校三年发展规划（2025~2027）

（1）业务协同化：开发"智慧物流车队管理"课程，培养同时具备货车驾驶与物流无人机调度能力的复合型人才。

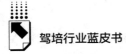

（2）服务区域化：针对本溪矿山场景，定制"矿区三维建模""安全巡检"等专项培训，预计年输送飞手200人。

（3）营收结构化：实现无人机业务占比从当前8%提升至30%，拉动整体利润率提高10个百分点。

四　驾培行业融入低空经济的风险挑战

（一）低空经济业务需要长期发展

低空经济是耐心经济，无人机教培市场需要耐心企业。驾培行业前些年一度极其辉煌，躺着也赚钱，而低空经济的产业特性决定了这不是一个能够快速回笼资金、看到收益的行业。媒体估计，行业一边势头火热、一边增收不易的处境，估计还会持续很长一段时间。

低空经济呼唤耐心企业，需要放眼长远，专注技术创新、产品迭代和场景拓展，让低空消费更快普及；低空经济鼓励耐心资本，相信行业的长期价值，不因短期利益盲目跟风炒作；低空经济需要耐心管理，既科学合理规划，又遵循市场规律，让行业在安全、有序中发展，[①] 最终达到"开得通、留得住、做得好"的目标。中国公路学会副理事长指出，低空经济发展应避免"一哄而上"之后的"一地鸡毛"。[②] 更有异议人士认为，低空经济只是被资本裹挟和炒作的一个概念，最终就是一个高级商业击鼓传花的游戏。驾培市场做无人机教培业务也要定力十足，瞄准长远，避免"现在一哄而上，将来一哄而散"。

（二）低空经济业务市场规模还不够大

公众对低空经济认知不足，培训市场规模短时间难达预期。低空经济

---

① 原洋：《低空经济起飞前还需长跑》，《经济日报》2024年12月23日，第5版。
② 2025年12月10日上午，中国公路学会2024学术年会。

涵盖的领域非常广泛，大众对低空经济的概念、应用场景及潜在价值了解却极为有限，对于低空经济背后的产业规模和发展前景缺乏清晰认知，这使得他们在面对无人机资质培训等相关内容时难以产生积极的回应。

目前，为提高无人机教培市场的接受度和推广效果所做的宣传非常少，必须通过多种渠道，如社交媒体、电视广告、科普活动等，向公众普及低空经济知识。例如，举办低空经济主题展览、飞行表演等活动，让公众近距离接触和体验低空飞行器，增强对无人机产业与应用场景的了解和信任。

各地成功的无人机应用示范案例太少，导致市场接受度不高。在物流配送、旅游等领域，如果能够建立一批可复制的成功应用案例，展示低空经济的优势和价值，方能通过实际效果吸引更多学员和企业参与，逐步形成良好的市场氛围，推动低空经济的广泛应用和场景多样化。

（三）低空经济业务发展管理还不够规范

低空空域使用受限、飞行计划审批受限，各地现在还处于管理模式探索期。由民用无人驾驶航空器综合管理平台（UOM）可以发现，北京、南京、西安和成都等城市的大多数区域不属于无人机适飞空域。以某西部城市为例，其无人机适飞空域，仅占全市面积的 18.9%。当前，国内低空飞行空域尚未形成统一的管理标准，我国管制、监视和报告三类空域中，报告空域所占比例很小且未连接成片，绝大多数飞行活动还需要按管制空域报批；低空目视航线数量较少且多在管制空域划设，难以满足各类通航飞行作业活动的需求，"有车无路"的现象普遍存在。当然，近年来，我国积极推动低空空域管理改革，湖南、四川、海南等成为全国首批低空空域管理改革试点省份，在管理机制、平台搭建、保障体系、政策扶持等方面取得一系列可复制、可推广的先进经验，为我国低空经济高质量发展提供了重要支撑。另外，低空经济涉及发改、交通运输、公安、工信、财政等十余个政府部门，各部门之间的分工协作尚在不断完善之中。

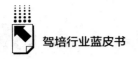

（四）低空经济业务市场竞争激烈

无人机教培市场加速扩张，机构数量激增，竞争逐渐白热化。目前，无人机教培机构主要是由无人机学院、无人机科技公司以及驾校转型无人机教培学校三个类别构成。驾培机构做无人机教培业务没有严密的技术"护城河"，很容易被模仿、被弯道超车。很多地级市的无人机训练机构已经达到十几家且申请者云集。这一现象不仅体现了大家参与低空经济的热情，也反映出市场竞争的激烈程度。各大教培机构都在不断提升自身的竞争力，包括教学质量、师资力量、课程设置、价格优势等，而驾校在这个领域大多属于"小白"级别，"蛋糕诱人，但刀叉不好拿"。加之无人机专业机构与厂商"上下夹击"，甚至推出"考证+购机"捆绑套餐，培训费也低到离谱的程度，已经有了价格恶性竞争的苗头。

五　驾培行业发展低空经济的建议

驾培行业转型开拓无人机教培事业，相比原先的无人机教培机构有天然的优势。这一跨界变革不仅是驾校的自救行为，也是一个行业乐于奉献、主动向低空要红利的缩影，驾培行业应该规避风险，主动转型，迎接机遇，在"新蓝海"中乘风破浪。为此，驾培机构应该牢牢把握几个核心点。

第一，提升政策响应能力。国家对低空经济发展给予了高度重视，各地政府也纷纷响应，出台了一系列配套政策，如对开展无人机教培业务的企业给予财政补贴、税收优惠，鼓励职业院校与企业开展产学研合作项目等，为驾校涉足低空经济领域提供了坚实的政策保障与有力的导向支持。驾校应紧扣职业教育改革与低空经济政策红利，快速切入政策扶持赛道。如多地政府将无人机教培纳入"职业技能补贴"项目，学费最高报销70%；有的地方农业无人机业务火爆，驾校可以主打下沉市场，"农村包围城市"，与龙头企业合作，学费能够降低到70%左右（含考证+实习）。再如驾校直接对接乡村振兴补贴，学员结业后直供本地合作社，就业率

95%。下一步的发展策略为，在农业资源丰富的地区，可以重点发展与农业植保相关的无人机教培业务，与当地的农业企业、种植大户等建立合作关系，为农业生产培养专业的无人机操控人才；在旅游资源丰富的地区，可以将无人机教培与旅游产业相结合，培养能够从事航拍、景区巡查等工作的无人机专业人员。

第二，提升资源整合能力。驾校转型无人机教培能够最大化利用现有场地、师资与品牌流量，降低新业务试错成本。在原有多余场地上，需要合理建设专业的实操训练基地，科学规划基地布局和设施，确保训练场地具备足够的空间、安全设施和飞行条件。建设模拟飞行室、无人机维修车间、应急处理区等配套设施，为学员提供全方位的实操训练环境。同时，还要选购适合的无人机型号及配件，确保无人机性能稳定、安全可靠，能够满足不同培训场景的需求，配备必要的地面站设备，遥控器、电池等辅助设备。

在市场开拓方面，与做驾培类似，可以共享招生渠道。需要深入分析市场，了解无人机行业的发展趋势、市场规模、竞争格局以及潜在学员群体。通过问卷调查、访谈、数据分析等手段，掌握市场需求、学员兴趣点及期望的学习成果。还需要明确培训定位，基于调研结果，确定培训机构的特色，精心规划课程体系，是专注于无人机航拍、植保、物流、巡检等特定领域的专业技能培训，还是提供全面的无人机基础知识与操控技能培训。

第三，锻造生态构建能力。低空经济依托无人机、eVTOL（电动垂直起降飞行器）等低空飞行器，覆盖物流、交通、农业、旅游、安防、巡检、测绘、救援等多个领域，逐步形成一个全新的产业生态。驾校构建无人机生态圈是做好教培业务的法宝，驾校的无人机教育体系应围绕低空经济发展的需求进行调整优化，加大对无人机专业培训、中小学研学的建设力度，开设涵盖无人机驾驶、维修、数据分析等多个方向的专业课程；同时，注重培养学生的跨学科能力与实践操作能力，通过与企业合作开展实践教学、建立实训基地等方式，提高其就业竞争力；定期组织教师参加专业培训、学术交流等活动，提升教师的专业素养和教学能力；与行业协会、企业建立合作关系，共同推动教培市场的健康发展，为学员提供就业信息和推荐服务；组织

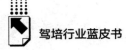

专业活动，如招聘会、职业规划讲座等，帮助学员顺利就业。与有创业意向的学员保持联系，提供市场分析、商业模式设计、融资策略等方面的指导。提前布局，做好从单一培训向"设备+售后+服务+多证+竞赛+保险+基建+研学"的价值链延伸，提升客户终身价值。

　　本文作者为熊燕舞、董强、李鹏辉、刘治国、李冬华。熊燕舞，中国交通运输协会驾驶培训分会副秘书长、交通运输部科学研究院高级工程师；董强，四川省道路运输协会副会长、驾培驾考分会会长，四川省长征驾校董事长；李鹏辉，中国民用航空局空中交通管理局主任工程师、中国民用航空局无人驾驶航空器系统专家组专家，中国航空运输协会无人机办公室专家组组长；刘治国，中国交通运输协会驾驶培训分会秘书长；李冬华，辽宁省本溪市华航驾校董事长。

运营管理篇 ◪

B.8
大学生学车消费行为分析与市场开拓

摘　要： 　随着高等教育招生规模逐年扩大及私家车加速普及，大学生群体
已成为驾培市场的重要目标群体，大学生市场成为驾校营销的重要目标市
场。本文利用需求层次理论剖析了大学生学车消费行为的特征，并通过问卷
调查从需求维度特征、决策影响因素、营销接触偏好等方面进行实证分析。
同时，分析了当前市场竞争态势下驾校的营销策略并提出从四个方面来开拓
大学生驾培市场，在产品策略、定价策略、渠道策略、促销策略上均引入了
新兴科技的支持，为大学生驾培市场的深度开发提供理论支撑和实践参考。

关键词： 　大学生学车　驾培市场　消费市场　市场开拓

教育部公布数据显示，近十年我国的高等教育在校生人数稳步攀升，至
2023 年，各类高等教育在学总规模为 4763.19 万人。① 这一庞大的大学生群

---

① 教育部：《2023 年全国教育事业发展统计公报》，http：//www.moe.gov.cn/jyb_ sjzl/sjzl_
fztjgb/202410/t20241024_ 1159002.html，2024 年 10 月 24 日。

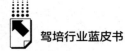

体，形成了一个庞大的大学生学车市场。面对年超 4000 万的潜在消费客群，众多驾校纷纷通过提升服务质量、优化培训模式、创新营销策略等方式展开激烈角逐，力求在驾培市场中获得竞争优势。基于此，深入剖析大学生在驾驶技能培训方面的需求与学车消费行为特征，并结合当下驾培市场营销升级转型的大趋势，优化大学生驾驶培训市场的营销策略，对把握大学生学车消费行为动向，制定市场营销决策，推动驾校迈向高质量发展具有重大意义。

一 大学生学车消费行为特征分析

当代大学生群体主要由年轻人构成，随着群体受教育水平的持续提升，其认知能力亦呈现显著的增长趋势。这一变化促使大学生对各类消费需求形成了更加成熟且深刻的理解。为吸引他们学车，驾校需要深入剖析大学生驾培市场的需求特点，精准把握大学生在驾培需求上的差异。只有基于对这些差异的精准洞察，灵活调整营销策略，才能更好地满足大学生群体日益多元化的驾培需求。

（一）基于需求层次理论的行为动机解构

美国心理学家亚伯拉罕·马斯洛提出了需求层次理论，他认为人类的需求呈现层次结构，按从低到高的顺序包括生理需求、安全需求、社交需求、尊重需求和自我实现需求。[①] 马斯洛认为，只有当较低层次的需求得到满足后，个体才会寻求更高层次需求的满足。大学生对驾驶技能的需求与这一理论显著关联。在不同层次需求的驱动下，大学生对驾驶技能的获取表现出不同的诉求和关注。

1. 生理需求影响

生理需求是指个人维持生命所必须具备的条件，涵盖食物、水、空气等

---

① Maslow A., Lewis K. J., "Maslow's hierarchy of needs", *Salenger Incorporated*, 1987, 14（17）：987-990.

生理功能的满足，它们是人类得以存活的前提条件。生理需求虽然不是大学生学车的需求动因，但仍在一定程度上影响着他们的参与行为。例如，驾校课程安排是否能够合理照顾他们的作息时间，是否提供适当的休息和饮水设施等。驾校在设计培训服务产品时，需要确保培训环境的舒适与便利，创造一个有利于满足大学生生理需求的学习氛围。此外，驾校可以在课程的安排上为大学生提供灵活性，如设置晚间课程或周末课程，以便他们能够平衡学业与学车的时间，从而提高他们的满意度。

2. 安全需求

安全需求主要涉及保障个体的物质和心理安全，包括安全的生活环境、稳定的职业保障等。学车过程中安全需求具象化为双重维度：一是驾驶操作规范性带来的人身安全保障；二是消费过程中对驾校资质、合同条款透明度的交易安全需求。于驾校而言，一方面应从人身安全角度出发，重点强化交通安全这一核心概念，另一方面需要致力于为大学生群体提供可靠、透明的服务和产品。

3. 社交需求

社交需求指个体在爱情、亲情、友情等方面的追求与需求。对于大学生群体而言，获得驾驶技能不仅能够提升其在情感交往中的竞争力，还能增强其在社交圈中的"配得感"，从而有效满足其社交需求，进一步促进其人际关系的建立与发展。由此，驾校不仅可以利用大学生的社交需求增加营销刺激点，还可以定期组织各项主题活动，将驾校升级为青年社交枢纽。

4. 尊重的需求

大学生活充满活力与多样性，拥有驾照意味着个体可以摆脱公共交通时间的束缚，自由地安排周末出游、实习等活动。这不仅提高了生活的便捷性，也有助于赢得朋辈的认可与尊重。为满足大学生群体的社交与尊重需求，驾校设计的相关产品应通过丰富其优势和增加驾驶证的应用场景，进一步拓宽驾驶技能获得后的多样化表达方式。这种做法能够有效增强大学生的自我认同感，提高其在社交圈中的地位和尊重度。

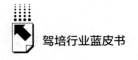

5. 自我实现需求

自我实现的需要是最高层次的需要，指的是个人最大限度地发挥自己的潜能，施展自己的才能从而达到自我实现的境界。大学期间，教师会引导学生提前对自己的职业有所规划，在很多岗位，如物流、销售、管理等岗位，对从业者有驾驶技能的要求。为了能够拓宽就业渠道，提高竞争力，同时为了实现自己的终身目标，部分大学生会及时完成这一技能的掌握。驾校应丰富驾驶技能获取后的长远优势，塑造大学生就业、人生目标实现等话题，与大学生消费者产生情感共鸣，赢得其购买行为。

根据需求层次理论，需求呈现由低到高的层级结构。然而，由于个体差异，不同大学生对驾照的需求并不完全处于同一层次。部分大学生可能是出于对交通安全的更高掌控需求，有的则希望通过驾照提升社交上的竞争力，另一些则看重拓宽就业渠道和实现人生目标等。基于此，驾校应运用相关的动机心理学知识，在丰富产品内容的同时，提升服务质量，有效满足大学生的学车需求。

（二）大学生学车消费行为实证分析

本文数据采集采用问卷调查法，调查时间为 2025 年 1 月 15 日至 18 日，通过滚雪球抽样技术，依托大学生群体高频使用的社交媒体平台实施问卷发放。在数据清洗阶段，通过设置双重质量控制标准：首先剔除选项模式高度一致的问卷，其次排除填写时长低于正常阅读时间（<120 秒）的无效样本，最后获得有效问卷 276 份。样本群体覆盖全国 19 个省级行政区（覆盖率达 63.3%）的在校大学生，人口统计学特征显示：性别构成为女性 56.55%，男性 43.45%；年龄在 18~30 岁。

1. 需求特征维度

（1）报考类型偏好。经统计分析，在报考自动挡驾照和手动挡驾照的选择上，大学生们仍然趋于传统观念。调查人群中 82.82% 的大学生选择考取 C1 驾照，仅有 17.18% 的大学生选择考取 C2 驾照。这表明，目前虽然自动挡车辆已普及，但面对两种类型驾照的通用性、培训费用高低等问题，更多的大学生还是会选择手动挡小型汽车驾照的考取。

（2）时间偏好特征。如图 1 所示，71.37% 的受访者选择 18~21 岁获取或计划获取驾照，17.94% 的大学生选择 22~23 岁获取或计划获取驾照，而

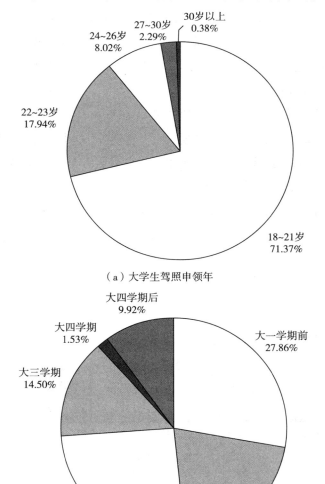

（a）大学生驾照申领年

（b）大学生驾照申领年级

图 1　大学生驾照申领阶段

选择 24~26 岁、27~30 岁和 30 岁以上获取或计划获取驾照的占比分别为：8.02%、2.29% 和 0.38%。由此可见，大学生对于学车的规划，更偏向于在刚刚满足驾驶证申请年龄的初期完成驾照的获取。按照年级进行划分，对大学生计划或已获取驾照的年级偏好为：27.86% 的学生选择在大一学期前，20.61% 的学生选择在大一学期期间，25.57% 的学生选择在大二学期期间，14.50% 的学生选择在大三学期期间，1.53% 的学生选择在大四学期期间，9.92% 的学生选择在大四学期后。

根据大学生群体调查的两个结果分析，在步入大学校园前的暑期仍然是学车高峰期，而在校期间，大一学期、大二学期被认为是学车的最佳时期。

如图 2 所示，有 52.43% 的大学生选择在暑假练车，25.09% 的大学生更偏向于在学期内的周末练车，选择在寒假练车的大学生占比为 14.61%。对于大学生而言，暑假具有空余时间集中的特点，因此该调查也印证了驾校应该抓住大学生暑期学车热的消费行为，做好相关营销工作。

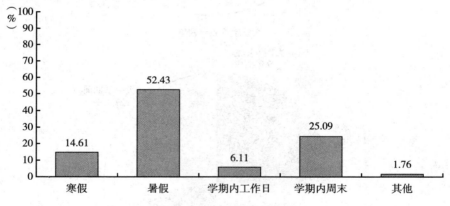

图 2 大学生练车时间偏好

2. 决策影响因素

（1）信息获取渠道。如图 3 所示，大学生在获取驾培信息时所用的线上平台中，腾讯 QQ 占比最高，达 58.02%，微信占比 51.53%，而小红书、抖音、微博、百度分别占 33.59%、32.82%、18.70% 和 12.60%。从驾校角度来看，传统渠道所提供的信息往往不能全面反映驾校的教学质量、价格水平等关键信息，并且难以迅速传递驾校的最新活动及优惠政策。从大学生群体来看，线上社交平台获取的驾校信息更能全方面多维度反映驾校的情况。如大学生群体通常会在这些平台上搜索诸如"XX 区域驾校排名""XX 驾校怎么样"等关键词，作为其购买决策的重要参考。

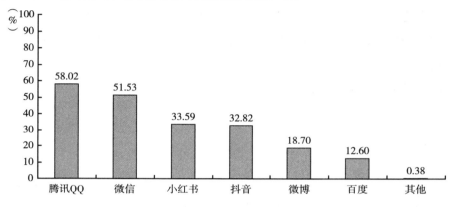

图3　大学生驾培信息获取渠道偏好

（2）决策关键要素。大学生在对驾校进行购买决策选择时，关键要素是价格。如图4 所示，绝大部分（77.48%）的大学生对驾校价格与性价比关注度高，驾校口碑也是多数大学生（72.52%）所关注的重点，对于驾校的服务质量和地理位置分别有 62.60% 和 62.21% 的大学生关注，少部分大学生（22.52%）会关注朋友推荐。

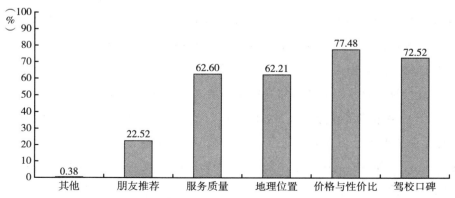

图4　大学生选择驾校时的关注要素

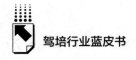

3.营销接触偏好

（1）大学生喜好的营销方式。如图 5 所示，在对大学生驾培营销方式偏好的调查中发现，传统校园摆展的营销方式仍然深受大学生的认可。调查显示，70.23%的受访大学生认为校园摆展最有吸引力，其次是免费体验课程，占比 46.18%，对于社交媒体广告的推广，44.66%的学生认为其具备吸引力，随着新媒体时代的到来，诸多驾校开始进行线上直播推广，由于还未普遍采用这种方式，所以其占比并不是最高，为 41.98%。驾校文创周边礼品的派送吸引力为 30.15%。

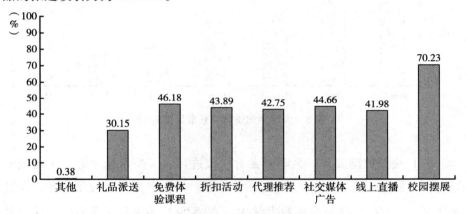

图5　大学生偏好的驾培营销方式

（2）校园分销渠道建立的必要性。如图 6 所示，经问卷调查，大学生在报名驾校时，80.92%的大学生会听取朋友的推荐，53.44%的大学生会听取家人的建议，而社交媒体和校园广告宣传分别有 42.75%和 37.02%的学生会选择这些渠道来收集相关信息。据此分析，驾校可以通过发展校园代理，进行校企合作、周边商家联动来拓展驾校的分销渠道。

（3）种草经济效应显著。如图 7 所示，通过对 2024 全年驾校网络招生（含短视频平台、小红书、高德地图、网络平台线索等）占比驾校总招生量情况进行了调研，其中超过半数（51.55%）的驾校通过上述的平台招生的数量占总招生数量的 10%以下，而对大学生是否愿意参与驾校组织的学车分享活动（如撰写学车心得、拍摄学车视频等）以获得一定的奖励（如学

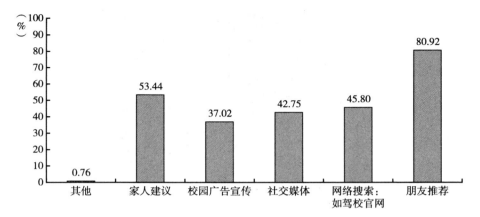

图6　大学生驾培购买决策影响因素

费减免、获取礼品等）进行了调查，46.56%的大学生表示愿意参加，35.11%的大学生表示可以视奖励情况而定，仅有18.32%的大学生不愿意参与这项学车分享活动。这反映了将大学生驾校学员作为推动驾校数字平台招生的"种草"选手具有一定的可行性。

二　大学生驾培市场竞争态势分析

（一）市场供给现状

1. 产品同质化

大学生驾培市场产品同质化是行业长期存在的结构性矛盾。跟风式产品开发模式已引发三重市场失灵。

其一，品牌价值稀释效应显著。当主流驾校普遍采用"包过班"作为核心产品时，大学生们难以通过服务差异建立品牌认知。

其二，中小型驾校陷入生存困境。在缺乏产品创新能力的竞争格局下，一些头部驾校通过规模化采购压低车辆、场地等固定成本，使中小驾校无法在价格维度与之抗衡。

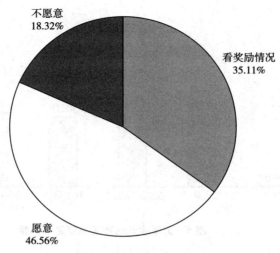

（a）大学生学车分享活动参与意愿

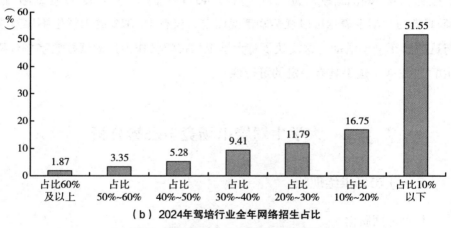

（b）2024年驾培行业全年网络招生占比

图7　驾培网招占比与学生分享意愿

其三，市场需求响应机制僵化。传统"一车多人"的流水线教学模式，难以满足 Z 世代大学生对智能化、弹性化和社交化的新需求。这种同质化困局的根源在于供给侧创新动力不足。多数驾校管理者仍遵循"成本领先战略"，将资源集中于场地硬件而非服务升级。管理学中的"红海战略"陷阱在此得到充分印证——当驾校集体选择模仿而非创新时，整个行业将陷入低水平竞争的恶性循环。

2. 价格竞争内卷

随着市场竞争的日益激烈，驾校往往过度关注大学生对价格的敏感性，进而形成以低价为核心的竞争策略。这种策略导致各类低价营销手段频繁出现。在高校驾培团队的销售过程中，大学生们常常陷入价格比对的旋涡之中。这一系列操作引发了驾校运营的恶性循环，首先表现为企业运营中的资金压力，会导致学员在后续学习过程中产生不满情绪。很多大学生仅关注价格往往忽视了后续服务的质量与可靠性。因此，尽管短期内低价策略可能吸引部分价格敏感型学员，但从长期来看，每新增一名学员就意味着潜在的风险。这不仅反映了驾校在运营管理上的不成熟，也暴露了对学员责任心的缺失。因此，驾校在制定价格时，应综合考虑运营成本、服务质量等多方面因素，确保定价的合理性。同时，应倡导区域内的驾校共同营造良好的市场环境，推动行业的健康可持续发展。

3. 渠道效能滞后

大学生驾培市场的营销渠道建设至关重要，然而许多驾校校园营销渠道单一，数字化渠道渗透率低、校园营销触点单一。例如，很多驾校采用开设线下报名门店和发展校园代理。随着互联网的发展，这种模式表现出两大缺点：一是营销范围有限；二是信息传递的效率低。很少有驾校建设自己的官方咨询数据平台或专属小程序，它们通常是借助于第三方软件进行预约学车等操作，对于社群运营通常是单项交流，而在校园营销触点方面，与大学的合作仅停留在单次活动，无法形成营销闭环。

（二）需求侧变化趋势

1. 智能化教学需求

在人工智能与大数据技术的深度驱动下，以智能教练、智能驾驶模拟器、数字孪生考场为代表的智慧驾驶教学体系正在重构传统驾培生态。这些智能驾驶仿真平台或模拟器不仅能够有效降低驾校成本，还能提升学员的驾驶技能，提高学员的考试通过率。正是这些新科技，让本就对科技充满期待的 Z 世代大学生消费者对智能化教学的关注度日益增加。相比传统教学方

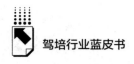

式，智能化技术通过高度个性化和精细化的训练模式，满足了这一代消费者对效率和体验的双重需求。

2. 碎片化学习诉求

在大学生的学业生活中，不同专业班级的课程安排时间各异，日常时间呈现碎片化特征。因此，大学生在校期间的练车时间通常难以集中，除寒暑假外，学期中的时间安排较为分散。由此可见，大学生群体在考取驾照及练车时间安排方面具有独特的需求。为满足这一需求，驾校应根据大学生的个性化需求，合理安排和调整练车时间的预约机制，以实现更高效的服务和更灵活的学习时间安排。

三 大学生驾培市场的开拓

根据大学生学车消费需求理论和实证研究，针对当前驾校所处的转型升级的时代背景，探讨如何通过市场营销的 4P 策略——产品策略、定价策略、渠道策略和促销策略来有效推动大学生驾培市场的拓展。

（一）产品策略

1. 品牌形象重塑

品牌年轻化的核心目的是通过与年轻消费者在认同感、态度、价值观等方面产生深度共鸣，来提升品牌吸引力和市场竞争力。针对年轻大学生群体的学车需求，品牌塑造的关键途径包括打造具有年轻化风格的训练场、塑造现代化和年轻化的驾校文化形象、赏识教育语言风格的亲和力调整以及产品包装设计的时尚化等，以此来打造校园专属驾校品牌 IP。通过这些措施提升品牌在年轻群体中的认同度，从而增强其市场渗透力。

2. 教学服务升级

教学服务升级是提升学员体验感的有效途径之一，同时也是提高学员考试通过率，降低驾校运营成本的有效手段之一。教学服务升级的主要方式有智能教学平台、智能教学模拟器、三方系统等的引入。如借助虚拟现实（VR）与增强现实（AR）技术，大学生学员可以利用在校期间的课余时间来完成部分驾驶技能的学习，减少实地练车的时间成本。智慧驾培平台也可以提供灵活的学习模块，如理论学习、模拟驾驶、错题练习等，学员可以根据自己的实际情况自由选择学习内容。现代智慧驾培是驾培行业教学服务升级转型的重要发展方向，通过与人工智能的结合，驾校的教学服务能够得到有效升级。

3. 可视化的产品呈现

大学生学习能力强，能够对驾校的产品进行分析对比从而做出购买决策。驾校的产品讲解可视化能够有效促进大学生的购买行为，然而一些驾校工作人员在与学员沟通时，可能会因过于依赖自身经验从而忽视学员的需求和理解能力。通过调研多家优秀驾校的高校市场营销团队，本文总结出了一种较为高效的产品讲解方法，如图 8 所示。

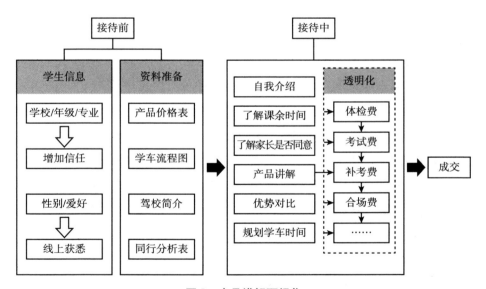

图 8　产品讲解可视化

首先，在接待大学生群体前，如果大学生是通过线上进行了提前咨询，那么驾校工作人员应尽量提前了解学生的基本信息，为线下沟通做准备。为此，应提前准备好咨询相关的讲解材料，材料应包括产品价格表、学车流程图、竞争分析表以及驾校荣誉等。尤其要强调的是产品套餐价格所包含的内容，必须做到透明化。其次，在与大学生沟通时，工作人员应避免机械性地照本宣科，而应根据他们的实际情况灵活调整讲解内容。例如，掌握其课余时间、所在年级、所学专业等信息，为其规划合理的练车时间和预判拿证时间。这不仅能够使他们对驾校及团队产生真诚的印象，还能增强双方之间的黏性，从而为后续的推荐和分销创造条件。此外，若学员已从同行处了解了部分信息，工作人员应根据这些情况灵活调整产品讲解的流程与重点。以此来提升成交率，树立良好的企业形象，推动驾校在激烈的市场竞争中脱颖而出。

4. 培训服务流程的有形展示

驾驶培训服务流程指的是学员从报名到拿证过程中所需经历的全部环节，通常包括合同签订、体检入籍、约考和练车流程等（见图9）。大学生群体具有较强的学习能力和较多的知识储备，并且在报名驾校时表现出明显的季节性波动。合理的展示不仅能降低驾校的人工成本，还能减少大学生在学车过程中遇到的障碍。然而，传统驾校在服务流程的有形展示上仍存在改进空间。例如，在大学生报名的高峰期，驾校客服人员通常需要在学员体检后进行全面的流程讲解。许多大学生反馈，由于信息量大且内容复杂，他们往往难以在现场记住所有的细节，而客服人员也因工作量剧增而感到压力巨大。一种有效的改进措施是，在体检入籍环节前，通过视频展示相关流程。视频内容可以涵盖体检入籍流程、学车流程、服务账号关注、驾校客服联系方式获取等信息。同时，还可以增加报名后的分销活动与"种草"活动。这不仅有效减轻客服人员的工作负担，也能激励大学生通过口碑传播，吸引周围同学报名。与此同时，驾校还应在实体环境中通过墙面展示精细化的流程服务图，以便学员随时查看，确保他们能够无忧地完成学车过程。综上所述，通过多渠道的服务流程可视化展示，不仅提升了学员的学习体验，还有效缓解了驾校在高峰期面临的工作压力，为提升整体服务质量和客户满意度提供了可行的解决方案。

图9　产品服务的有形展示

（二）定价策略

在高考营销季工作中，驾校通常将学生家长视为主要的营销对象，这一策略的基础在于高中生的购买决定权大多掌握在家长手中。而争取大学生学员与之不同，由于他们的独立性逐渐增强，家长往往愿意将许多决定权交给子女，其中包括报考驾校的决策权。基于此，驾校在为产品定价时，应充分考虑该群体的特点。通常大部分大学生缺乏直接的收入来源，这使得他们在消费决策时对价格较为敏感。据调查，性价比依然是大学生最为关注的因素。

1. 差异化的动态定价

在一定区域内驾校联动并不意味着各驾校所制定的产品价格完全相同，

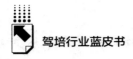

而是在确保行业基本成本的前提下，会根据不同消费群体的特征进行差异化定价。作为整体驾培市场中的一个细分领域，大学生驾培市场可依据大学生群体的特征、需求和偏好来制定个性化的价格策略。首先，大学生驾培市场具有显著的淡旺季波动特征，因此驾校可根据不同季节的时间节点进行价格动态调整。例如，寒暑假期通常是大学生市场的淡季，在此期间，驾校可根据实际经营情况调整价格，以填补淡季的空档期。其次，在行业竞争格局中，由于各驾校的资源和优势存在差异，盲目跟风定价往往只能让具有相对优势的驾校获得更大利益。因此，驾校应根据自身特点和市场优势进行差异化定价，而非单纯依赖外部竞争因素。除了考虑外部市场竞争状况，企业还需综合评估自身的运营成本、资源配置及市场定位等内在因素，制定出符合自身条件的产品定价。

2. 价值定价原则

在大学生驾驶培训市场中，价值定价原则不局限于传统的成本定价模型，而是侧重于驾校能够为学员提供的服务价值。驾校的核心竞争力不仅在于教学质量和驾考通过率，还在于通过创新的服务设计满足学员的多样化需求，从而提升学员的整体学习体验和满意度。

通过对现有培训产品的增值设计，驾校能够为学员提供更多有针对性的服务，增强市场竞争力。例如，许多学员在获得驾照后，由于缺乏足够的实际驾驶经验，往往对上路驾驶感到紧张和不安，特别是对于那些初次接触交通规则和驾驶环境的大学生来说更是如此。因此，陪练服务应运而生，并成为驾校增值服务的一个重要组成部分。通过为学员提供专业的陪练服务，驾校不仅能帮助学员在实际路况中积累经验，还能够有效提升学员的自信心和驾驶技能。此外，驾校还可以提供定制化的培训计划、增强预约灵活性、提供线上学习平台以便学员在空闲时间巩固理论知识，最后，驾校还可以为学员通过培训拿到驾驶证后提供长期的售后服务，如购车指南等。通过这些多样化的增值服务，驾校不仅能增加学员的选择空间和便利性，还能提升自身品牌的附加值，最终实现价格的合理化和市场的扩展。

总之，价值定价原则强调的是从学员的需求出发，通过设计含有附加价值的服务，提升整体培训产品的市场吸引力和竞争力。这不仅能为学员带来更多的选择，还能使驾校在激烈的市场竞争中脱颖而出，实现可持续发展。

（三）渠道策略

1. 线下立体渠道网络

（1）校园代理——让年轻人成为驾校的合伙人。大学生驾培市场中的校园代理发展数量与质量，始终是驾校竞争大学生市场的利器。校园代理体系的建立，也成为开拓大学生市场的关键所在。首先，在驾校开拓校园市场的初期，可以在学员中进行招募，经筛选后，成为第一批"种子选手"，即驾校高校市场的总负责人。"种子选手"要保持合理数量，素质与能力应是考核的关键。其次，高校市场营销的总负责人要负责招募周边高校的校园负责人，校园负责人需在各个学院、专业甚至班级内寻找潜在的学车推荐人，从而构建起一个代理推荐网络，这就是所谓的"驾校代理人海战术"。从理论上讲，每所高校的每一位学生都可以成为驾校的推荐官，倘若如此招生数量必有保障。与驾校员工管理类似，校园代理的业绩同样遵循"二八定律"，即大约20%的代理会产生实际业绩。因此，高校市场营销团队的规模大，整体业绩才会有保障。最后，营销团队的管理不容忽视，如何制定合理的薪酬绩效方案，如何通过严格的选拔机制，挑选出一批具备营销能力、责任心强的大学生作为校园代理，如何制定合理的薪酬与奖励机制，都是决定团队高效运作的关键因素。

（2）校企合作。驾校与高校的合作模式具有多样性，主要包括校企共建驾校、校内租赁场地合作、第三方培训机构引入、大学生就业实习基地搭建、驾培企业奖学金设立以及校园活动赞助等。从高校的角度来看，促进产教融合是适应当代人才培养需求的重要方向，对于驾培企业而言，与高校的合作不仅有助于展现其社会责任感，同时也能有效提升驾校营销效果。大学生的购买行为往往具有情绪驱动的特征，而与所在高校有官方合作的驾培企业往往能获得更高的消费者认同与品牌信任。例如，业内一些驾校通过与高

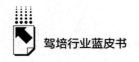

校合作设立企业奖学金，这既是对品学兼优学生的激励，又履行了企业的社会责任。这种合作不仅促进了企业与高校之间的互动，也在品牌建设过程中凸显了企业的责任感。

案例1　驾来也与云南财经大学的合作共赢

近年来，校企合作已成为推动教育资源与社会资源深度融合的重要模式。2021年，驾来也集团与云南财经大学达成战略合作，共同成立安宁云财驾来也驾驶培训学校，为云南财经大学安宁校区师生提供专业化驾驶培训服务。该合作模式以资源共享、优势互补为核心，探索出一条校企协同发展的创新路径。

1. 合作模式

（1）资源互补。场地支持：云南财经大学提供30余亩空地作为驾校建设用地，为驾校运营提供基础保障。企业投资：驾来也集团负责驾校的全面建设与运营，包括教练车购置、场地规划、教学设备配置等。监管机制：学校对驾校运营进行监督管理，确保驾校服务符合教育与行业标准。

（2）服务创新。驾校以服务师生为核心，提供便捷的驾驶培训服务，涵盖理论教学、实操训练及考试辅导等全流程服务。驾校每年招生规模达2000余人，为师生提供了高效、规范的学车体验。

（3）就业支持。驾来也集团通过驾校运营实践，为学生提供创业就业机会，推动学生职业发展。驾校不仅为学生提供驾驶技能培训，还通过校企合作平台，帮助学生了解行业动态，提升就业竞争力。

2. 合作成果

（1）服务规模。自驾校成立以来，每年招生规模稳定在2000余人，成为云南财经大学安宁校区师生获取驾驶技能的重要平台。

（2）社会效益。通过校企合作模式，驾校不仅满足了师生的驾驶培训需求，还为周边社区居民提供了便利服务，提升了区域公共服务水平。

（3）就业促进。驾来也集团通过驾校运营，为学生提供了实习与就业机会，推动了学生的职业发展，实现了校企合作的双赢目标。

（3）周边联动。高校市场营销团队颇多，涉及多个行业，常见的如校园卡办理、专升本、考研考公、考编招生团队以及卖被子团队等。各个行业的校园市场在不同时间段存在淡旺季的差异。例如，卖被子团队通常在 9 月开学前完成大部分销售，而随着新生到校并开始上课，其销售淡季随之到来。此时，驾校的旺季刚刚开始。因此，与这些团队进行合作联动可以作为一种有效的策略。然而，在实际操作中，往往取得不了预期效果。原因在于部分驾培企业管理者认为，合作后这些团队就会掌握驾校的专业知识、销售技巧，甚至可提供后续服务，从而导致这种合作看似有利，但后续可能与驾校市场营销团队形成竞争关系。根据实践经验，在合作过程中，分工明确至关重要，必须秉持"专业的人做专业的事"的原则。即，合作团队仅提供潜在学生资源，而具体的销售和后续服务应由驾校方完成。除了团队合作的联动方式，品牌广告宣传的合作联动也是一种有效的策略。对于驾校而言，尤其是刚进入大学生市场的驾校而言，营销初期的关键任务之一便是进行宣传。在这一阶段，驾校可以与学校周边商家进行合作，通过联合宣传来提高品牌曝光度。例如，学校附近的快递站、商店、餐饮店等商家均可成为宣传的载体。驾校可以为这些商家提供具有实际用途的赞助物品，如为商店、餐饮店提供印有驾校标志和联系方式的塑料袋，免费为周边商家提供带有驾校标志的遮阳伞等。

2. 数字化渠道建设

互联网时代，各类社交平台层出不穷，在购买决策时，消费者，特别是年轻消费者往往会在各个平台检索相关信息，再做决策。对于驾校而言，了解大学生经常使用的社交平台，搭建线上招生宣传渠道，对引流招生至关重要。

（1）腾讯QQ。腾讯QQ软件在大学生群体中具有较高的使用频率，主要原因在于大多数高校的班级群和年级群依托QQ平台。因此，QQ平台已成为驾培行业在高校市场中的重要线上推广工具之一。该软件的多项功能可为拓展大学生驾校市场提供有效支持，以下将重点介绍几项常见功能及其

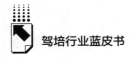

驾培行业蓝皮书

应用。

首先，QQ 个人账号的打造主要包括两大方面：一是高校 QQ 公众号的申请与运营；二是高校招生工作人员个人 IP 账号的构建。高校 QQ 公众号的申请通常涉及校园墙等功能，这是腾讯为学生用户专门设计的模块，学生可将 QQ 账号申请成为各类校园墙。与普通 QQ 账号不同，这类公众账号的显著特点在于用户可以点击关注。当前，大部分高校已有类似的校园墙，如表白墙和万能墙等，然而根据实际操作经验，这类账号可以由任何人重新创建，并有可能在流量上超越原有账号。为了在初期吸引流量，可以采取举办校园活动的方式，如线上通过转发和分享等方式积累关注，线下则通过赠送小礼品等手段进行推广。当高校市场营销团队在其服务区域内的各大院校拥有此类账号时，驾校的宣传和招生工作开展会更加顺利。其次，高校招生工作人员个人 IP 的打造要具备个人特色。例如，可以向新生提供各类学校资讯并为其解答疑问、向在校生提供勤工俭学机会，免费提供大学生所需的各类资料等。这样既增加了与学生的互动黏性，又在无形中推动了驾校的宣传工作。

其次，QQ 群的使用可分为自建群和他人群两种类型，其中他人群包括由高校学生或学校组织建立的各类群组。例如，高校招生处通常会在开学前设立新生群用于招生宣传，高校市场营销团队可以通过该群为新生解答相关问题，同时提高与学生的互动频率，从而增加好友的添加量。此外，驾校的高校市场营销团队也可以通过自建相关群组来提高其 IP 知名度，如"失物招领群""闲置二手群"以及"拼车群"等。群管理与运营是建立群组后的关键步骤，因此需要深入了解群运营的管理方法，特别是站在大学生的角度分析其需求，关注他们希望通过群组获得哪些便利。在群运营初期应着重于树立良好的个人形象，待建立起足够的信任基础后，再通过软广告形式进行资源转化。

最后，QQ 空间的运营对于驾校招生人员个人而言，一方面可以分享学生所需的信息，另一方面可以分享成交信息。例如，新生可能希望了解学校的概况，招生人员可以通过空间提供相关信息，还可以分享学生在企业勤工俭学的优秀案例，以鼓励更多学生选择更具意义的大学生活。此外，还需要分享成交，以推动潜在意向的报名。当然，该平台还有更多功能，例如视频号和频道等，可以根据实际情况进行布局。

（2）微信。根据腾讯公司发布的年度报告显示，截至2024年，微信及WeChat的合并月活跃账户数超过13亿[1]。微信已经逐渐成为人们日常生活中不可或缺的应用程序，微信端的营销开发不容忽视，如小程序和公众号。首先，关于小程序，随着大学生创新创业意识的不断增强及实践活动的日益增多，许多高校中涌现出由学生自主设计和开发的各类小程序平台，其中校园外卖平台和校园帮帮平台是较为典型的代表。高校市场营销团队可以一方面与这些小程序平台团队进行合作，另一方面也可以自主设计和开发小程序，通过平台为驾校引流。其次，关于公众号，与高校的各类表白墙类似，如果公众号发布的信息能够吸引学生关注，它仍然能够成为一个汇聚资源的优质平台。在建立公众号时，应当对目标群体进行细分，并根据目标群体的特点发布其感兴趣的内容。例如，在高校市场营销团队组建过程中，每年驾培市场高校营销团队都会新纳入大量兼职学生，在塑造团队文化时，除了日常工作外，还可以在公众号上开设专栏，发布大学生兼职的正能量故事。这样不仅能激励学生在勤工俭学过程中不断努力，更为重要的是能够吸引更多大学生关注这一平台，激发他们利用课余时间参与勤工俭学，实现经济独立。在引流方面，可以考虑大学生在校期间对各类即时校园信息、学习资料等的需求，公众号通过发布这些信息能够吸引学生关注，从而为驾校招生引流提供有效途径。

（3）小红书。小红书的年轻用户群体占据了平台的大部分用户，其中大学生群体的比例尤为突出。作为一个以"用户生成内容"（UGC）为核心的平台，小红书成为用户群体"种草"和"拔草"的主阵地，也是大学生检索信息的常用工具之一。在消费决策过程中，大学生通常会参考驾校学员的评价

---

① 腾讯控股有限公司：《2024年报》，https：//static. www. tencent. com/uploads/2025/04/08/0706a9085e70140122364ded872455ca. pdf。

与反馈，将其作为选择驾校的重要依据。用户只需在平台的搜索栏中输入某一驾校名称，即可查看其他用户对该驾校的评价。由此高校市场营销团队可申请开设驾校的官方账号，进行内容输出与运营；同时，驾校可在各个环节组织相关活动，鼓励每位学员通过小红书发布包含图片和内容的"种草"活动，以此提高驾校的曝光率，增强其知名度，并为潜在学员提供有价值的决策参考。

（4）短视频。国家广播电视总局和相关协会发布的《中国短视频发展研究报告（2024）》显示，截至 2024 年 6 月底，短视频应用总用户数达10.5 亿[①]。在短视频平台，如抖音的运营中，高校市场营销团队创建的账号与驾校官方账号的运营存在差异，特别是针对大学生群体的账号定位上，运营需聚焦于特定区域内的大学生群体。例如，针对某一特定区域内的所有大学，或者某一所高校，可以创建精品视频号，其内容应紧密结合大学生的关注热点，且需要进行长期维护。例如，对于区域内的校园账号可以通过街头采访的形式，围绕高校学生生活等话题展开。还可以在新生开学前，产出一些新生喜欢的热点话题，包括校园环境、快递地址、专业的真实评价以及毕业生的就业情况等。尽管创建和运营此类视频号表面上与驾校招生无直接关联，但其可作为引流工具，成为媒体矩阵的一部分，为后续资源转化奠定基础。

在校园账号的运营中，引流方式的选择至关重要，应避免过于直白的广告形式，转而采取更为隐蔽的广告方式。招生团队可将软广告作为成交的有效工具，同时提高品牌的知名度，许多学生可能会在平台上询问关于驾校报名的相关信息，而这一行为可进一步促进资源的转化，增强其可信度。基于此，驾校企业应紧跟短视频发展的趋势，既要注重自身驾校官方账号的运营，也应考虑辅助账号的创建，明确内容的创新性和实用性，并持续推动资源转化与成交，从而提升业绩。

---

① 国家广播电视总局发展研究中心、国家广播电视总局监管中心、中广联合会短视频短片委员会：《中国短视频发展研究报告（2024）》，中国国际广播出版社，2024。

案例 2　某驾校利用新媒体营销策略

某驾校高校市场部创新构建全域新媒体营销矩阵体系，通过立体化渠道布局实现精准流量覆盖。团队以 QQ 校园万能墙（日均触达 1.2 万人次）、微信校园墙（粉丝转化率 63%）、抖音校园垂直账号（单月最高播放量 45 万+）为核心载体，同步搭建 QQ 频道校园社群（日活用户 3000+），小红书校园墙（日投稿 100+）形成"内容传播—用户沉淀—服务转化"的完整闭环。运营数据显示，新媒体矩阵已实现 90% 在校生的覆盖率，日均互动量突破 5000 人次，通过精准化内容运营和社群裂变传播，带动季度招生转化率同比提升 210%，成功将新媒体渠道打造为业绩增长核心引擎，年招生规模突破 2000 人次，创区域同业市场占有率新高。

（四）促销策略

大学生驾培市场作为驾培行业的一个细分市场，具有明显的淡旺季和特殊性，其促销推广的方式多样，这里重点阐述周期性营销触点设计和传统推广方式。

1. 周期性营销触点设计

制定全年营销战略规划是企业市场营销时间管理的重要体现。从短期来看，品牌市场营销的主理人应该在关键时间节点进行预先筹备工作；从长期来看，企业把握营销战略规划的全局性视野，是实现持续利润增长的核心驱动力。对于大学生驾驶培训市场而言，制定年度营销战略已成为各大驾校，尤其是以大学生群体为主要营销对象的驾培类企业必须高度重视的工作内容。在策划针对大学生的驾驶培训市场营销时，通常将一学年分为上半学期与下半学期。我们将上半学期规定为每年的 2 月至 8 月，下半学期规定为每年的 9 月至次年的 1 月，基于此，我们对大学生市场营销的关键节点进行详细规划。

（1）第一学期。每年的 2 月至 8 月，一般是学生的寒假和上半学期，这一时间段的营销工作通常划分为五个阶段。

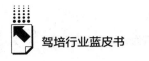

第一阶段：驾校开工至大学生开学前的准备工作。

这一阶段主要的工作内容包含：市场调研、物资准备、营销活动设计、举办誓师大会以及预售活动的收尾工作。在市场调研方面，高校市场营销负责人需精准了解每所大学的开学时间，以便进行合理的人力资源调配；在物资准备方面，根据开学营销活动的需求，提前准备并分配所需的宣传材料；在营销活动激励方面，组织高校市场营销团队召开誓师大会，以激发团队士气；在预售活动方面，由于学生代理大多在寒假期间居家办公，因此可通过线上渠道提前调动其开学前的积极性，利用活动即将结束的时机，抓紧最后的时间完成预售活动的收尾工作。

第二阶段：新生开学至3月底的工作任务。

这一阶段通常是上半年报名的高峰期，其业绩量在很大程度上决定了驾校上半年整体的业绩表现。此阶段的核心工作主要集中在预售尾款的收取和新客户的开发上。对于预售尾款的收取，需设定短期的完成时间节点，通常为10天左右，具体时间可根据市场情况灵活调整。通过设定具体且紧迫的时间节点，能够有效激发消费者的紧迫感，同时将尾款收取时间压缩至最小，从而创造更多时间用于新客户的开发。在尾款收取达到80%之后，重点工作转向新客户的开发，新客户主要分为两类：第一类是已通过线上了解但未最终报名的学生；第二类是尚未接触过的潜在客户。对于第一类学生，高校市场营销团队应尽快安排线下面谈，解答其疑虑，最终促成成交。对于第二类客户，可以通过专业代理在班级内进行宣传招生，并结合地推扫楼的方式，确保在最短时间内完成全面覆盖。扫楼作为大学生市场开发的基础且高效的方式之一，能够在短时间内达到最大化的招生效果。

第三阶段：4月工作任务。

4月通常可视为次旺季，其业绩仅次于3月，且优于5~6月。3月处于观望阶段的学生，部分将在4月报名。与此同时，鉴于3月报名学员数量激增，驾校可对已有学员的学习进度和服务体验进行回访。回访工作主要有两个目的：其一，收集学员对驾校服务的满意度数据，以便进一步优化服务；

其二，实施"老带新"策略，通过关怀学员，鼓励现有学员推荐同学报名，从而扩展招生渠道。

第四阶段：5月与6月工作任务。

在5月和6月，除了常规的业绩开发工作外，重点将转向高校营销团队的优化及新团队的招募，以便为暑期预售活动做好人员储备。此阶段的关键任务是确保团队的高效运作，并提前准备足够的人员资源，以应对暑期市场需求。

第五阶段：7月与8月工作任务。

7月和8月的主线任务是暑期预售活动的开展及暑期预售方案的落实。此阶段，驾校应根据市场状况，制定出暑期预售活动方案，同时根据区域特点，制定暑期兼职学生的薪酬与绩效考核标准，并明确每日工作要求。一般而言，暑期工作时长为一个半月左右。暑期预售活动的成果将直接影响下半年团队的整体业绩表现，因而是一个至关重要的时间节点。

（2）第二学期。鉴于第一学期与第二学期在时间节点上大致相当，在此重点阐述与第一学期存在差异的工作重点。

这主要包括，全新驾培品牌如何进入高校市场和节假日营销工作安排。首先全新品牌进入大学生市场时，可以利用时间差战略，重点将目标市场精准定位为大一新生，其原因在于可以在短期内与新生建立信任。新驾校品牌在这一阶段开拓大学生市场，需投入大量资源进行宣传，以确保每一位大一新生都能了解该驾校品牌，表1列举了全新驾培品牌在大学的宣传方式。其次对于原有的驾校品牌，9月的主要目标市场则为大二、大三学生，其工作重点与上半年基本保持一致，即着重于预售尾款的收取以及新客户的拓展开发。在节假日营销工作安排方面，随着国庆节与中秋节的到来，较长的假期促使众多大学生倾向于在此期间前往驾校咨询报名，高校团队的假期工作安排需与大学生的咨询需求相契合。

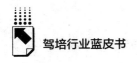
驾培行业蓝皮书

表1　全新驾培品牌在大学的宣传方式

平台	时期	方式	提示
线上	开学时	校园媒体广告投放	软广告
		赞助推推车	印驾校 logo
		赞助开学接送大巴车	附带驾校宣传
		大学校历赞助	印驾校 logo
线下	学期内	校园活动经费赞助	标注活动赞助商
		校园食堂纸巾/打包袋赞助	印驾校 logo
		中秋/端午礼品赞助	标注活动赞助商

案例3　某驾校开拓大学生市场策略

某驾校首次进入大学生市场，通过精准营销组合拳实现破局增长，其核心策略可以拆解为四点。

其一，精准定位客群，采取差异化时间战略，锁定大一新生群体。

其二，场景化营销渗透，开学季实施"三位一体"宣传覆盖。

（1）痛点解决：赞助"爱心推推车"解决行李搬运痛点。

（2）动线覆盖：赞助迎新专线巴士（日均接送800+人次）。

（3）高频触达：食堂纸巾盒植入（日均曝光2万+次）。

其三，异业联盟矩阵建构，联合学校周边商家，赞助打包袋、广告宣传海报等。

该驾校当月新生获客占比约82%，获客成本降低至行业平均水平67%。在大学生驾培市场竞争激烈的背景下，突出重围，一举成为该区域大学生驾培市场的招生冠军。

2.不可忽视的传统推广

传统的推广方式主要包括：校园摆展、免费课程体验、地推扫楼等。经调研，大学生群体认为驾校线下校园摆展是最具吸引力的营销方式之一。校园摆展可以直接接触潜在客户，通过现场讲解和活动吸引让更多潜在客户对

178

考取驾照的事情进行关注，还能提高驾校品牌的曝光度。免费课程体验作为一种促销活动方式，通常被考研、专升本等培训机构广泛采用。从学生的角度来看，免费课程体验不仅能够帮助其在线下了解驾校的教学实力，还能通过短期学习判断教练的教学风格是否符合个人需求。从驾校的角度来看，推出免费课程体验不仅能展示驾校的整体环境和品牌实力，还能激发学生的学习兴趣，从而促进潜在客户的转化并提升成交率。地推扫楼在大学生市场中是常见的推广方式，也是最能直接与潜在客户接触的方式之一，因其直接性和可重复性，往往能带来显著的营销效果。

结　语

掌握大学生学车消费行为在大学生驾培市场开拓中发挥着重要作用。本文基于需求层次理论，系统剖析了大学生学车行为的多层次动机，并通过实证调研揭示了其在报考偏好、决策要素及营销触点上的特征。

本文在调查环节，样本规模、问卷数量及问卷完整度等方面仍有较大提升空间，这可能会对研究结果的普适性产生一定影响。未来可进一步扩大调查范围，优化问卷设计，以获取更全面、准确的数据，从而更深入地洞察大学生驾培市场。同时，驾培市场环境处于不断变化之中，新技术、新消费趋势不断涌现，驾校在应用这些研究成果时，需结合自身实际情况和区域市场特点，灵活调整经营策略，以适应市场动态变化，在激烈的市场竞争中赢得优势，推动大学生驾培市场的健康、可持续发展。

本文作者为杨柳。杨柳，重庆师范大学地理与旅游学院职业技术教育专业硕士研究生。

B.9
驾校队伍年轻化和"00后"队伍的管理

——以青衫行驾培集团为例

摘　要：　随着"00后"逐步成为职场的主力军，驾培行业也迎来了新的发展阶段，与以往的学员和教练群体相比，"00后"教练员和学员具有鲜明的个性特色，更加注重自我表达，具有强烈的平等意识。针对驾校队伍年轻化的管理，本文以重庆青衫行驾培集团为例，结合行业现状与大量研究成果，提出了对应的管理策略。旨在为驾校提供一套切实可行的适应年轻化队伍的管理思路，摒弃传统驾校管理模式中刻板、单一的方式，采取多样化管理，帮助驾校带好"00后"队伍，让"00后"逐渐成为企业的中坚力量，推动驾培企业健康发展。

关键词：　驾培行业　管理模式转型　"00后"队伍

在驾培行业发展浪潮中，驾校学员结构正经历显著变化，年轻群体尤其是"00后"逐渐步入社会。这一转变要求驾校的管理模式和运营模式做出及时的创新与调整，以契合"00后"的特点和需求，实现驾校的可持续发展。在学员年轻化的趋势下，驾校引入"00后"作为员工队伍的新鲜血液，关注并做好"00后"学员的管理工作，不仅是顺应时代发展的需要，也是驾校实现长远发展的关键所在。通过创新管理模式，驾校能够与年轻员工以及学员建立良好的互动关系，共同推动驾培行业的变革与发展。

一　驾培从业者年轻化趋势分析

（一）"00后"正陆续步入各大职场

最早的一批"00后"，到2025年已经25岁；最早的一批"90后"，目前也已经35岁。他们年龄上正处于青壮年，新老更替是亘古不变的法则和常态。而今他们陆续步入职场，正在成为各个行业的新生力量。

2022年下半年开始，"00后"整顿职场成为网络热议的话题。这一现象指的是，随着新一代员工步入职场，他们展现出与传统截然不同的工作态度。当"80后""90后"还在抱怨每天睡不够、工作忙不停时，一些初入职场的"00后"已经把双休、不加班、月薪过万元奉为口头禅。

"00后"员工敢于挑战传统，对不合理的工作安排和领导决策说"不"；他们注重工作与生活的平衡，严格遵守下班时间，抵制不必要的加班；同时，他们也反感领导使用口头的物质激励手段，认为这是不诚实的行为。此外，"00后"员工对工作环境和职业发展的要求也更为苛刻，他们渴望获得更多的自主权和挑战机会。这些新的职场现象，无疑给管理者带来了不小的挑战。

回顾职场历史，每一代新入职场的人都会带来独特的思维和行为方式。正如"80后"和"90后"的工作风格曾让我们面临困惑，"00后"的加入同样带来了新的冲击和挑战。

（二）驾培行业"00后"职员的基本情况

随着社会发展，驾校员工队伍正从"80后""90后"向"00后"过渡，这种代际更迭对驾校的发展产生了多方面的深远影响。

根据"2025年全国驾培市场运行基本情况网络调查"的第12题："2024年，贵驾校员工的年龄主要集中在以下哪个区间？"，受访者当中有5.35%的驾校员工平均年龄为20~30岁，更有41.82%的"90后"和"00

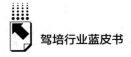

后"员工。

从队伍结构变化来看，驾培行业"00后"队伍占比不断上升，他们为驾校注入了新鲜血液，带来了新的理念和活力，但也打破了以往较为稳定的结构模式。在管理方面，难点也随之而来。例如，传统的权威式管理难以得到年轻群体的认同，他们更渴望平等、开放的沟通氛围；年轻人追求工作与生活的平衡，对企业认同感较低；年轻人工作流动性较大，无法进行长期性培养。

由于"00后"成长于科技飞速发展的时代，互联网的普及让他们对智能设备、新媒体和新技术的接受度极高。驾培行业的智能化、科技化转型趋势，如智能教学设备、线上教学平台的应用，与"00后"的特性高度契合，使他们更能适应并推动行业变革。如今的"00后"在选择职业时，更注重个人兴趣与职业发展的契合度，驾校工作对他们来说，不仅是一份工作，还能满足其对驾驶领域的热爱。

在教学方式上，"00后"员工凭借自身对互联网的熟悉，将短视频、在线教学平台等融入教学中，制作生动有趣的教学视频，分享驾驶技巧和经验，吸引学员的注意力，增强学习积极性。在招生宣传上，"00后"员工运用社交媒体、短视频平台进行招生推广，发布创意十足的宣传内容，举办线上互动活动，与潜在学员建立良好的沟通，精准触达目标客户群体。在服务理念上，"00后"员工更注重个性化服务，关注学员的特殊需求和学习进度，及时调整教学方法，提供更贴心的服务，同时，积极参与驾校管理，凭借敏锐的洞察力和创新思维，为驾校的发展出谋划策。

因此，"00后"队伍逐渐成为驾培行业的生力军只是时间问题，越来越多的"00后"正以驾培行业作为事业的发展方向。以重庆青衫行驾培集团为例，为适应日渐内卷的驾培市场，其员工年龄多为"90后"和"00后"（见图1），而"00后"员工人数逐年提升，青衫行驾培集团通过调整管理模式，加强培训指导，打造企业文化，进而充分发挥"00后"员工的优势，推动驾校快速发展。

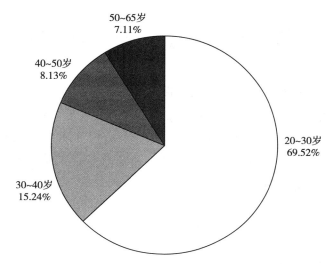

图1　重庆青衫行驾培集团员工年龄段构成

（三）新老员工工作融合现状

长江后浪推前浪，一浪更比一浪高。目前，大多数驾校员工年龄阶段依旧在"70后"至"90后"之间，而"00后"员工正越来越多地加入驾培工作这一领域。随着驾校内部老员工传统工作思维与年轻人创新性思维的不断碰撞，不同年龄段的驾校员工在日常工作管理中不可避免会出现一系列摩擦。老员工通常具备丰富的行业经验和企业内部知识，熟悉业务流程和企业文化，能够快速解决问题。而"00后"员工则往往带来新技能、新思维和创新力，他们在数字化、智能化技术应用方面更具优势。

此外，老员工可能更倾向于遵循传统的工作方式，而"00后"员工则更注重灵活性和创新性，这种差异容易导致沟通障碍和合作困难。部分老员工可能会对"00后"员工抱有排斥心理，认为其威胁到自身地位或利益，导致新员工留存率降低。

因此，如何解决新老员工在目前驾培领域一起工作融合产生的一系列问题，并充分利用好老员工的丰富经验和"00后"员工的创新价值，进而产生更高效益的生产价值，成为每个驾校亟须解决的一大难题。

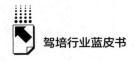

二 "00后"驾校员工的特点与管理挑战

"00后"驾校员工的加入为驾校带来了创新和活力，但也带来了管理、团队协作和经验不足等方面的挑战。相比传统驾校老员工而言，"00后"员工独特优势与潜在挑战并存，因此，我们需要发现"00后"员工的群体特征，并充分认识这类群体在驾培行业当中的管理难度，探索对"00后"驾校员工有效管理的模式，挖掘其潜力。

（一）"00后"群体特征分析

1. 价值观多元化

"00后"更注重自我价值的实现，追求个人兴趣与工作的契合度。与上一代相比，他们不再单纯以薪资高低来衡量工作的好坏，更看重工作带来的成就感和满足感。在驾校工作中，他们会积极寻找机会发挥自己的特长，比如擅长短视频制作的"00后"，会主动承担起驾校线上宣传的工作，他们通过制作有趣的驾考教学视频、分享学员学车故事等内容，为驾校带来较好宣传效果的同时，也实现了其自身价值。

"00后"有着强烈的平等意识，在驾校中，他们期望与领导、同事建立平等的关系，不喜欢传统的层级观念和权威式管理。在教学过程中，他们也会将这种平等观念传递给学员，与学员建立起亦师亦友的关系，营造轻松的教学氛围。他们鼓励学员发表自己的看法，共同探讨驾驶技巧和问题，这种平等互动的教学方式，有助于提高学员的学习积极性和参与度。

"00后"还高度重视工作与生活的平衡，他们认为工作只是生活的一部分，不应占据全部。在驾校工作时，他们会合理安排工作时间，注重劳逸结合，拒绝过度加班。他们这种追求工作与生活的平衡，促使驾校反思和调整传统的工作模式，更加注重员工的身心健康和工作体验。

2. 科学技术依赖性强

"00后"凭借鲜明特征为驾校带来新的活力与变革，他们尤其对科学技术依赖性强。"00后"成长于互联网飞速发展的时代，科学技术如影随形，已深度融入生活，这使他们在驾校工作里对科学技术依赖程度远超前辈。

在实际驾驶培训中，"00后"教练员对智能教学设备的依赖同样显著。驾驶模拟器能精准模拟各种路况和驾驶场景，"00后"员工不仅能快速上手操作，还会根据学员特点模拟驾驶时的失误和操作习惯，制定个性化教学方案。通过对科学技术的运用，让培训更具针对性，帮助学员更快掌握驾驶技能。在招生宣传方面，"00后"依赖互联网技术拓宽渠道。他们熟练运用社交媒体平台、短视频 App 等进行推广。在抖音、小红书等平台发布精心制作的驾考技巧短视频、学员学车趣事分享等优质内容，吸引大量潜在学员关注。这些线上宣传方式，打破了传统线下宣传的地域限制，以更低的成本获得更广泛的曝光。

3. 社交需求突出

在驾校员工群体中，"00后"的社交需求特点十分显著。"00后"在驾校内部，热衷于组织各类社交活动，从平时的聚餐约饭到放假期间的 K 歌游玩，目的是增进同事之间的了解，建立良好的人际关系。通过这些活动，他们不仅能舒缓工作压力，还能营造活跃的团队氛围，提升工作的愉悦感和归属感。

在教学过程中，"00后"教练员与学员的互动不局限于驾驶技能传授，而是注重情感交流和社交互动。他们会主动与学员分享自己的生活经历、兴趣爱好，拉近与学员的距离。这种社交式的教学方式，使学员在轻松愉快的氛围中学习，增强学员对驾校的好感度和忠诚度。许多学员因为与"00后"教练建立了良好的社交关系，会主动为驾校推荐新学员，为驾校带来了口碑传播效应。

"00后"还善于利用社交平台拓展招生渠道。这种基于社交媒体的招生方式，打破了传统招生模式的局限，以更低的成本触达目标客户群体，为驾校带来更多生源。

4. 实现自我优先，诉求话语权

"00后"正以独特姿态崭露头角，实现自我优先、诉求话语权的特征深

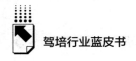

刻影响着驾校的生态与发展。在驾校工作中,他们不再满足于按部就班完成基础任务,而是积极寻求突破与创新。同时,"00后"有着强烈的话语权诉求。他们期望在驾校事务中有表达观点、参与决策的机会,不再盲目遵循传统的层级管理模式。在驾校内部会议上,"00后"员工敢于对教学流程优化、招生宣传等提出自己的见解,甚至质疑不合理的规章制度。他们认为,自己作为一线员工,对实际情况和学员需求更了解,自己的意见应得到重视。

在团队协作中,"00后"也积极争取平等对话权。当与同事合作制定教学方案或策划招生活动时,他们坚持自己的想法,通过摆事实、讲道理来争取认同,而非轻易妥协。这种话语权诉求,虽然有时会引发讨论和争议,但也为团队带来新的思考角度,推动工作流程不断优化。

"00后"驾校员工实现自我优先、诉求话语权的特征,为驾校带来创新活力与多元思维,是推动行业发展的新力量。驾校需正视这些特征,合理引导,搭建沟通平台,平衡个人与团队利益,实现双方的共同成长。

(二)"00后"驾校员工的管理难点

1. 传统管理模式的冲突

随着越来越多"00后"进入驾校工作,传统管理模式与其特性产生诸多冲突,给管理带来挑战。传统管理模式注重层级和秩序,强调自上而下的指令传达,这与"00后"追求平等、自由的观念相悖。在驾校里,"00后"员工期望与上级平等交流,参与决策。例如,制订教学计划时,传统模式是由管理层主导,"00后"员工却希望凭借对学员需求的了解而提出自己想法,若被忽视,容易引发他们的不满,降低工作积极性。

考勤与工作时长方面,传统管理严格要求上下班时间和高强度工作时长,"00后"更看重工作效率和生活平衡。长时间的坐班和加班,会让"00后"觉得压抑,他们认为只要能高效完成教学任务,应被允许灵活安排工作时间,传统的打卡考勤制度会被视为束缚。

在激励机制上,传统管理多以物质奖励为主,而"00后"更注重精神层面的认可。单纯的奖金激励，对"00后"吸引力有限，他们渴望得到公开表扬、荣誉证书，或是在社交媒体上被表彰，以此满足内心的成就感和价值感。

从沟通方式看，传统管理风格相对严肃，"00后"更喜欢轻松、直接的交流方式。若上级以命令式口吻沟通，"00后"可能产生抵触情绪，而采用朋友式的沟通，更能让他们接受意见，提升工作配合度。

案例1　青衫行驾培集团关于"00后"员工弹性的工作管理制度

工作时间灵活化：①实行明确分工。将白天场练车与夜间场练车分开安排，同时将模拟课程教学与实车教学进行合理分配，制定科学的排班表，确保教学资源的高效利用。②客服板块。打造年轻化的客服团队，确保线上客服号与线下接待均有人员值班，并制定合理的排班表，以满足不同时间段的服务需求。③招生板块。采用弹性工作时间，员工可在上午9点至晚上9点之间灵活选择工作时间，例如从下午1点工作至晚上9点，或从上午9点工作至下午5点，以适应个人作息习惯。在远程办公方面，为满足"00后"员工对工作灵活性的需求，企业允许员工每周在家办公1~2天，通过线上方式处理日常事务。这种模式不仅提升了员工的工作自主性，还能有效平衡工作与生活。

以结果为导向的考核机制。①教学板块。以教学通过率与学员满意度为核心考核指标，无论采用何种创新教学方式，均以达成这两项目标为最终导向。②客服板块。注重与学员沟通的及时性及学员对客服服务的满意度，将学员体验作为衡量客服工作成效的关键标准。③招生板块。以月度、季度招生任务的完成为目标，鼓励员工通过线上宣传或线下推广等多种方式达成业绩，激发"00后"员工的创造力与高效工作能力。企业实行灵活的休假制度，员工可根据个人需求合理安排休假时间。在不影响公司整体工作安排的前提下，员工可将休假时间累积使用，并在节假日期间根据个人计划灵活调整休假安排。

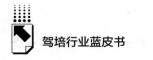

2. 工作培训压力

"00后"在工作培训中所面临的压力，正演变为管理上的难点。"00后"初入职场，尽管思维活跃、学习能力强，但在驾校复杂的专业领域面前，依然存在知识和经验短板。

传统驾驶培训行业的高强度和快节奏也让"00后"难以适应。为保证工作质量，员工需在短时间内掌握大量专业知识与工作技巧，像在模拟教学训练阶段，"00后"员工时刻处于紧张状态，长期下来易产生焦虑情绪。"00后"成长于相对宽松自由的环境，对传统的填鸭式培训方式接受度低。在培训过程中，"00后"还面临同辈竞争压力。当看到同期入职的同事迅速掌握知识技能，而自己还在苦苦摸索时，容易产生自我怀疑，影响自信心和工作积极性。

"00后"在驾校工作培训中承受的压力，给管理层带来诸多挑战。驾校需要优化培训内容，创新培训方式，关注"00后"员工的心理状态，帮助他们缓解压力，顺利成长，提升整体员工队伍素质才是管理好"00后"员工的重中之重。

案例2　青衫行驾培集团通过情绪价值传递来调动"00后"员工积极性

青衫行驾培通过情绪价值的传递来调动"00后"员工的积极性。

看见他们的需求，注重及时反馈和个性化认可。比如，他们出单过后，给予表扬和让他们分享出单过程，如，如何和有学车意向客户沟通并完成成交的。在赞美他们的时候，不要用空洞的词句，而要落于做的事情细节上面，比如"你做得不错"修改为"你在和学员沟通过程中，通过举例分析，价格分析，耐心解决学员每个问题，最终完成了成交"。

工作难免会有一些压力，集团设计了一些释放压力的方式。在办公室里面安排了跑步机来进行解压，在驾校场地，通过智能模拟机器做一些发泄游戏来释放压力，将驾培设备转化为情绪调节的工具。

鼓励"00后"员工在抖音或者小红书打造个人IP，公司提供拍摄支持和流量支持，结合他们兴趣爱好把品牌宣传、招生工作做好，比如"段子手教练""驾考通关小能手"等。内部举行一些评奖评比，通过个性化标签来增加他们的职业认同感。举行团建旅游，户外等活动，而且他们可以邀请朋友、同学、家属，自己的福利也可以给身边的人。

给予年轻群体员工创造各类仪式感。新员工入职时，举行一个入职仪式，定制青衫行的文创产品为入职伴手礼。学员毕业拿证时候，学员给教练进行颁奖，比如"最佳教练奖"。

3. 职业稳定性问题

"00后"成长于物质丰富、信息爆炸的时代，对职业有着更高的期待与追求。他们在选择工作时，更注重自我价值的实现、工作的趣味性以及与个人兴趣的契合度。在驾校工作中，如果仅仅从事单调重复的基础教学工作，无法满足他们对创新、挑战和个人成长的需求，就很容易使他们产生离职的想法。

"00后"重视工作与生活的平衡，当驾校工作强度过大、加班频繁，影响到他们的私人生活时，职业稳定性就会受到冲击。比如，在驾校招生旺季，员工可能需要长时间工作，不仅工作压力较大，甚至还面临较重的招生宣传任务，这让追求生活品质的"00后"难以接受，一旦压力超出承受范围，就容易选择离职。

另外，"00后"对职业发展路径有着清晰的规划，若在驾校看不到明确的晋升空间和职业发展方向，他们会频繁跳槽。驾校传统的晋升机制往往侧重工作年限和成绩，对"00后"的创新能力和多元化技能考量不足，使得一些有想法、有能力的"00后"员工觉得自身价值无法得到充分认可，进而寻求更能实现自我价值的职业平台。

4. 企业认同感之殇

在目前的驾校员工管理领域，"00后"群体的企业认同感较低成为一大突出难题，深刻影响着团队稳定性与工作效能。

在企业文化塑造方面，传统驾校强调纪律与服从的文化氛围，与"00

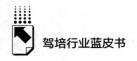

后"追求平等、自由的价值观背道而驰。"00后"渴望在开放、包容的环境中工作，若驾校内部等级森严，上下级沟通不畅，缺乏对员工个性的尊重，他们会觉得格格不入，难以融入企业。

在薪酬福利与激励机制上，部分驾校仍沿用旧体系，仅以物质奖励为主，忽视对"00后"的精神激励。"00后"更期待获得公开表彰、荣誉勋章或是参与重要项目的机会，简单的奖金激励无法满足其内心需求，导致他们工作积极性受挫，对企业的认同感也随之降低。

而且，"00后"面临丰富的职业选择，当有更具吸引力的外部机会时，若驾校不能及时给予足够关怀与发展空间，他们很容易被吸引而离职，进一步体现出其对现有企业较低的忠诚度与认同感。

驾校"00后"员工的企业认同感低的问题亟待解决。驾校需革新管理理念，优化文化建设，完善激励机制，满足"00后"精神与物质双重需求，提升其归属感与认同感，保障员工队伍的稳定与活力。

三 驾校管理策略与创新实践

（一）"00后"的管理策略与创新实践

1. 重塑企业文化

当前，我国驾培行业的消费主体已然转变为"00后"这一代群体。随着"00后"逐渐步入职场，驾培企业中"00后"员工的数量也将日益增长。构建一个契合年轻化、适应"00后"群体的企业文化，以顺应时代发展的潮流，成为当务之急。打造符合新一代青年特点的企业文化，将有助于激发员工的工作热情及提升工作效率。企业文化需随时代变迁而调整，固守成规必然导致被时代淘汰。如何重塑企业文化，是新时代驾培行业共同面临的课题，旨在营造真正属于新一代驾培人的企业文化。

190

案例3 青衫行驾培集团构建契合"00后"员工的企业文化

青衫行驾培集团聚焦于学生市场，主要服务对象为大学生群体。为给"00后"员工营造适宜的工作环境，集团着力打造专属企业文化，秉持"愉悦工作、实现自我价值"的理念，从管理理念、工作环境、成长路径、团建活动、奖励机制五个维度展开实践。

（1）革新管理理念。促进跨部门协作，鼓励不同部门间的交流与思想碰撞，是青衫行驾培集团管理理念的核心。集团打破传统管理模式，积极推动教学、客服、招生三大部门相互沟通，梳理工作衔接与联系。招生部门负责拓展生源，客服部门在学员科目学习前进行衔接引导，教学部门则助力学员顺利毕业拿到驾照。集团支持各部门年轻人将新奇想法付诸实践，通过交流使员工理解不同部门工作的差异性与重要性，从而提升整体工作效能。

（2）优化工作环境。青衫行驾培集团致力于打造契合"00后"员工需求的工作空间。在办公布局上，摒弃固定办公位置，员工可根据自身需求灵活选择。同时，设置休闲交谈区，为员工提供思维碰撞的场所。此外，办公室装饰融入年轻化设计元素，摆放大型玩偶等，打造适合年轻人拍照打卡的空间，消除传统办公环境的沉闷感。

（3）定制成长路径。助力员工自我实现，基于"00后"员工的成长需求，集团打造专属成长训练营。根据每位员工的性格特点与能力水平，开设多样化培训课程。例如，为外形条件好、气质佳的员工提供直播课程培训，助力其开展线上自媒体宣传；为沟通交流能力强的员工组织社交能力培训，以便更好地负责合作洽谈与学员沟通；对教务团队开展安全文明意识教育和教学能力提升训练等。

（4）丰富团建活动，增强团队凝聚力。鉴于"00后"员工热衷社交活动的特点，集团定期举办形式多样的团建活动。如"员工青春运动会""各类电竞游戏对战""爬山挑战活动""主题派对"等。

（5）完善奖励晋升机制，激发员工积极性。为充分调动"00后"员工的工作积极性，集团制定了合理的奖励晋升机制。在年终总结时，对教学、

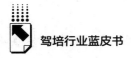

客服、招生部门表现优秀的员工设立专项奖项，颁发奖金、奖状，并赠送旅游名额。同时，集团构建了清晰明确的晋升体系。比如，在教学部门，教学教练达到特定要求后可晋升为校区总教练，总教练满足更高教学标准可成为教学部门管理人员。

2. 建立与"00后"群体开放友好的沟通机制

在当今社会，每一代人都有其独特的时代特征和历史印记。例如，"70后"群体普遍崇尚工作至上，他们重视家庭的稳定性和生活的安宁，对于风险持有谨慎的态度；他们中的许多人经历了改革开放的浪潮，见证了中国经济的飞速发展，因此他们对于稳定的工作和生活有着特别的追求。

"00后"群体成长在一个物质丰富、网络发达的时代，拥有着多元化的价值观和强烈的自我意识。他们中的许多人是数字时代的"原住民"，从小就生活在互联网、智能手机和社交媒体的环境中，因此他们对于信息的获取和处理有着天然的优势。

在驾校的运营过程中，我们计划引进越来越多的"00后"群体员工。与新时代的员工相处时，深入基层，与年轻人打成一片显得尤为重要。不能局限于办公室的环境，只有真正了解他们，才能更好地引导他们，使他们能够充分发挥自己的潜力。例如，我们可以组织一些非正式的交流会，让管理层与"00后"员工在轻松的氛围中交流思想，分享经验。

从"00后"群体所处的时代背景、家庭环境和社会环境出发，我们可以深入分析该群体的特点。他们成长在一个物质丰富、网络发达的时代，因此，勇于展现个性，常常提出新颖的观点。例如，他们可能对传统的企业文化持有不同的看法，更倾向于扁平化的管理结构和灵活的工作方式。此外，他们高度重视平等，期望在沟通中建立平等关系，不适应命令式的交流方式。在与"00后"员工沟通时，我们应针对其特点，采取相应管理策略，以确保人才充分发挥潜力，为驾培行业的发展注入新动力，为企业带来新的生机。

老板和管理层在与"00后"相处的过程中，应更加注重平等尊重的态度。这一群体将成为行业发展的主力军，他们充满活力、干劲和创造力，但也存在经验和社会阅历的不足。平等观念在他们心中根深蒂固。如果公司采用高压政策、命令式语气或打压式管理，将无法激发他们的积极性，反而会压制他们的创新思维和活力。因此，公司应采取平等尊重的态度进行沟通，让他们感受到温情，将公司视为一个大家庭，从而提高工作积极性，将公司发展视为个人发展的有机组成部分。

"00后"群体的想法多变，个性多元。在与他们相处时，若遇到意见分歧，我们不应急于否定，而应站在他们的角度分析意见或建议是否对公司发展有益。例如，他们可能会提出利用最新的社交媒体平台进行营销推广，这样的建议虽然与传统方式不同，但可能更符合年轻一代的消费习惯和偏好。传统驾培行业的招生方式已逐渐被新型招生方式所取代，如利用社交媒体、直播、自媒体宣传等多样化手段，这些方法大多由年轻人创造，为驾培行业注入了新活力。企业应学会包容不同想法，善用这些创新思维。

通过组织团队建设活动，我们可以拉近与"00后"群体的距离。企业管理层不应高高在上，而应深入基层，与"00后"员工共同参与青年座谈会、团建活动，以增进彼此了解，消除"一身班味"。例如，可以组织户外拓展训练、志愿者服务活动等，这些活动不仅能够增进团队成员之间的了解，还能增强团队的凝聚力和向心力。

在日常工作中，我们应及时给予"00后"群体认可和肯定。在当代青年人的管理中，过度批评无法带来正向反馈，反而会降低自信心。对于"00后"群体，我们应及时鼓励和肯定其提出的良好想法，并给予建设性意见，帮助他们成长，增强自信心，勇于提出创新观点。在他们遇到困难时，我们应及时提供支持和帮助，共同解决问题，增强团队信任感。

3. 驾校结合"00后"员工的创新意识并适应"00后"学员

当前，驾培市场的主要消费群体为"00后"。"00后"员工对同年龄段消费群体的需求和偏好有着更为深刻的理解。充分发挥"00后"员工的创新意识，对宣传、教学及管理方式进行优化与变革，有助于稳定驾校生源，

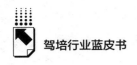

提升教学的高效性、安全性，进而实现公司降本增效的目标。

在宣传层面，驾培市场主流消费群体对新媒体的关注度日益提升，传统线下宣传模式正逐渐向线上互联网新媒体招生转变。当下，青年人使用智能手机频率高、上网时间长，极易受到网络信息的影响。同时，年轻人倾向于通过短视频表达自身想法，以获得更高的曝光度。基于此，可充分调动"00后"员工的想象力与创造力，从文案编辑和拍摄思路入手，制作一系列精美的宣传视频。通过这些视频，全方位展示驾校的企业文化、安全文明驾驶理念、教练的优质服务与教学品质，以及良好的场地硬件设施等内容，改变以往局限于局部地区且高强度的传统招生模式，借助新媒体的力量实现招生引流。

在教学层面，年轻教练更能精准把握年轻人的学车需求。在有效沟通的基础上，年轻教练可通过改进教学方式来提升教学效率。引入年轻教练群体，为教练团队注入新鲜血液十分必要。部分教学经验丰富的老教练存在思维固化、因循守旧的问题，仅按照传统教学方式开展工作，且排斥新型教学设施设备，如不熟悉智能驾驶模拟器、智能机器人教学等。与之相比，年轻教练群体优势显著，他们能够熟练运用市面上新推出的教学辅助设施设备，有效提高训练效率，增强培训过程中的安全性。针对当前主流学车群体，年轻教练与学员之间拥有更多共同话题，能更好地理解学员的学习方法，帮助学员更快掌握驾驶技能。此外，年轻教练在教学过程中还会积极创新，让学员摆脱枯燥的练车体验，在愉悦的氛围中学习驾驶。

在公司管理层面，"00后"群体的创新思维能够有效提升管理效率。推进管理改革，明确公司各人员职责，做到人岗相适、各尽其责，确保公司各部门有序开展工作。具体而言，在教务板块，通过优化教学流程，提高练车效率和考试通过率，降低油费及其他维护成本；在客服板块，设置科目一、科目二、科目三分阶段客服服务，使学员在学车的不同阶段都能感受到驾校的关怀；在招生板块，合理运用线上招生方式，拓宽招生来源渠道。

4. 完善培训机制，实现"00后"能力赋能

（1）运用好数据分析，引进先进设备提高效率。当今社会是信息化的

时代，面对众多的数据，需要进行整理，合理分析，得出相应的规律和解决方案，并通过一些新型设备、小程序、App 来提高学员管理和招生的效率。

在招生方面，应结合大数据分析的方法，对自己的学员的分布来源进行系统化的整理，整理出来不同年龄段的占比、不同高校的占比、不同招生来源方式的占比。招生比较好的方法继续保持，招生比较差的方法分析原因，真正做到点对点了解问题所在，对症下药。

在培训方面，应结合大数据，整理每个教练的学员通过率，整理他们每一次考试的人数和通过的人数，算上一个月、一个季度、一年的平均通过率，所授学员通过率优秀的教练树典型，分析其教学成功经验，所授学员通过率相对差的教练进行总结反思。

还应选用市面上比较先进的约课系统，提高"00后"群体工作效率。改变传统教练群约课方式，合理运用先进教学软件，让学员高效约课，不至于浪费课程和教学资源，通过大数据，得出最优接送练车路线，避免耽误学员过多的练习时间。

（2）开展多种多样的技能提升培训。"00后"群体充满活力，同样也存在工作经验不足的缺点，但他们有着较强的学习能力，能够快速掌握新技能，故对其进行一系列的技能培训必不可少，具体表现在以下三个方面。

在教学活动方面。现在出现了很多智能模拟器教学设备和机器人教学设备，驾校应定期开展培训熟悉新教学设备，把新设备融入日常培训中，给驾校降本增效的同时，也能够提升学员学车体验和教学品质，实现一举多得。

在直播宣传方面。定期开展直播课程教学，掌握流量矩阵的用法，掌握如何拍摄曝光度高的视频，掌握直播的话术和引流客源的方式等。

在管理能力培训方面。定期开展管理能力提升训练营，学习相应管理技巧和表达能力，开展一系列破冰和挑战自我的活动，鼓励"00后"员工跳出自己的舒适圈。

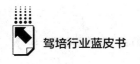

总结与展望

一代新人换旧人,时代的车轮谁都无法阻挡。在驾培行业发展的进程中,员工队伍年轻化趋势越发显著,"00 后"逐步成为推动行业发展的主力军,为驾培行业带来前所未有的发展潜力与变革力量。

"00 后"思维活跃,对新生事物接受度高,他们能够敏锐捕捉到行业动态与市场需求,积极推动驾校创新。他们结合时代特点与学员需求,为学员提供更丰富多元的选择;在营销推广方面,他们凭借对互联网平台的熟悉,采用新颖的宣传手段,吸引大量潜在学员,让驾校在竞争激烈的市场中脱颖而出,有效提升知名度与影响力。

然而,这一发展进程并非一帆风顺。"00 后"个性鲜明,追求自由平等,传统层级式管理方式易引发矛盾冲突。传统严格考勤制度与指令式工作安排,易被他们视为束缚,从而导致工作积极性受挫。同时,由于工作经验不足,"00 后"在面对复杂问题、突发状况及职场人际关系时,往往力不从心。

但这些挑战并非无法克服。驾校要适应年轻化趋势,就需从多方面优化管理策略。在管理理念上,应树立以人为本的观念,尊重年轻群体的个性与需求;在沟通方式上,搭建多元化沟通渠道,鼓励双向交流;在企业文化上,关注"00 后"追求平等,注重个性,渴望成长的特性,打造企业年轻化氛围。

驾校只要及时调整管理策略,构建开放、平等沟通机制,给予"00 后"员工更多表达想法和参与决策的机会;加大培训力度,制订针对性培训计划,提升他们的教学技能、沟通能力和问题解决能力,就能充分激发"00 后"员工的创造力,化挑战为机遇。

展望未来,随着"00 后"员工在驾校中发挥更大作用,驾培行业有望打破传统束缚,迎来智能化、个性化的发展新时代,更好地满足大众日益多样化的市场需求,开辟更为广阔的发展空间。

本文作者为曹小娟、张涧、郭家豪。曹小娟，重庆青衫行机动车驾驶培训集团有限公司董事长；张涧，重庆青衫行机动车驾驶培训集团有限公司总经理；郭家豪，重庆青衫行机动车驾驶培训集团有限公司市场四部部长。

B.10
向教学要效益
——重构驾校盈利模型

摘　要：　当前和今后的较长时期内，所有驾校都要经受"供给过剩"的考验和"恶性竞争"的压力。在此背景下，驾校单纯依赖"营销"无法保证盈利，唯有平衡教学与营销，推动教学创新，驾校才能立足和发展。本文提出"向教学要效益，重构驾校盈利新模型"的策略，强调通过优化教学管理实现驾校经济效益与社会效益的双重提升，并通过案例与数据分析，论证驾校教学创新对降本增效、提升行业竞争力的关键作用，为破解驾培行业低效竞争困局、实现可持续发展提供理论支持，以期进一步促进驾培行业的健康发展。

关键词：　驾校　教学管理　经济效益　社会效益　盈利模式

　　向教学要效益，就是做好教学管理，让驾校实现良好经济效益的同时取得社会效益。当前及今后，向教学要效益是驾校的立校之本，是驾校转型升级的必由之路。驾校不断实践"向教学要效益"的理念，才能赢得经济效益和社会效益双丰收，实现强校的梦想。

一　向教学要效益势在必行

　　近年来，驾培行业深陷"供需失衡、供给过剩"的困局，市场竞争呈现白热化态势。在驾校生源总量持续萎缩的市场环境中，驾校均把营销工作视为头等大事。为了争夺市场，很多驾校陷入"营销军备竞赛"的泥潭。

有的驾校"营销成本攀升"但"招生效果递减",招生数量远不及预期;也有的驾校招生数量虽然尚可,但利润微薄,甚至出现了"越促销越亏损"的倒挂现象。这种局面的背后,暴露出驾校经营者对市场规律的认知偏差:将短期获客的"营销招生战术"凌驾于长期发展的"经营战略"之上。

实质上,驾校的"经营结果"重于"招生结果",因为盈利才是硬道理。而驾校经营的本质是构建"招生—教学—口碑"的价值闭环。营销仅是实现生源触达的前端环节,而教学质量才是决定口碑转化与品牌存续的核心枢纽。驾校经营者只有建立起"教学即营销"的认知,践行"向教学要效益"的理念,才能把命运掌握在自己手中。

(一)教学与营销的共生逻辑

从驾校经营的本质来看,"教学"与"营销"是驱动驾校盈利的双引擎。营销是生源入口,教学打造口碑。两者是相辅相成的关系,没有孰轻孰重、孰先孰后。然而,驾培行业普遍存在着"重营销、轻教学"的偏颇,如同"剃头挑子,一头热一头冷"。所谓"轻教学"是指驾校对教学的重视程度远次于营销工作。比如说,驾校在招生宣传上极尽巧思,却在教学方法的改进和创新上投入甚少。这种偏颇必然对驾校的经营结果产生不利影响。

从财务角度分析,"营销"事关驾校收入,"教学"事关驾校成本,两者必须同时做好,驾校才能盈利。所以,驾校要像"重视营销"那样"重视教学",两手抓,两手都要硬,驾校才能实现盈利。

案例1 驭乐驾校的教学创新之路

新疆驭乐驾校坐落于乌鲁木齐市西山农场,占地300余亩,拥有教练车300余辆,教练员180余名。随着行业的发展,驭乐驾校面临所有传统驾校的共同困境:政策收紧暴露教学短板、考试合格率低、学员拿证周期长、学员满意度持续低位徘徊。这种情况,不但增加了较大的培训成本,而且对驭乐驾校的口碑产生了不利影响。面对困境,一场名为"以考定培"的教学改革孕育而生。

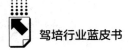

其一，小型汽车教学与考试，通过精准制订考试计划、优化分车时间、灵活教学方法等，满足学员个性化需求，提升教学质量。

其二，精准考试计划，学员上车就约考，驾校专人负责根据考试计划和学员训练进度及时帮学员约考。同时，鼓励学员在条件允许的情况下，同时预约科目二、科目三连考，这样至少可压缩 5~7 天考试时间。这种方式，可让学员从报名到拿证的平均周期压缩至 40~45 天。

其三，优化分车时间管理。按项目难度分配时间，科二重点难点的教学项目，学员每天需要至少 1.5 小时练习时间；科目三训练安排在早晚高峰练习，学员每天 1~2 次，每次练习时间 1.5~2 小时。临近考试，增加每天 1 小时练车时间；学习进度慢的学员，减少车辆分配，安排教练集中辅导 2~3 天，巩固基础后再恢复正常分车练习。

其四，智能设备与技术助力。引入智能驾驶模拟器 20 余台，学员可在虚拟环境中进行科目二和科目三的模拟训练，模拟器能实时反馈操作数据，帮助学员熟悉考试项目与操作流程，减少实车训练时间。

这场教学革命带来显著变化：科目二通过率从 60% 提升至 75%，科目三通过率从 65% 提升至 80%，整体通过率在当地驾培行业领先。学员满意度从 70% 跃升至 95%，良好口碑吸引招生人数同比增长 40%，市场份额扩大 25%，成为当地驾培行业标杆品牌。

（二）驾校营销的局限性

驾校营销工作受制于所在地区的经营环境。在恶劣的经营环境中，任何营销策略和方法都会"打折"，经营环境越差，营销效果就越差。

目前，驾培行业正处在"供给过剩"时期，供大于求的矛盾凸显。交通运输部中国交通通信信息中心的全国驾驶培训数据交换与服务平台数据表明，截至 2025 年 2 月，平台共有 93.60 万台教练车的信息。倘若每台教练车每年培训 60 人，那么全年可培训学员大约 5616 万人。而公安部交通管理局公布的数据表明，2024 年新领证驾驶人为 2226 万人。据此推算，驾培行业"产能"利用率大约为40%。《中国驾培行业发展报告（2024）》的相关内容表明，2023年，不少地区驾培行业"产能"利用率较为低下（见表1）。

表1　部分地区驾培行业"产能"利用率一览

时间	地区	培训能力（万人）	招生人数（万人）	"产能"利用率(%)
2023年	广州市	70.6	31.8	45
2023年	滁州市	12.62	—	50.7
2023年	张家港市	4.07	2.19	53.8
2023年前三季度	济南市	30.5	12.09	39.6
2023年上半年	珠海市	—	2.9686	31.27

供给严重过剩，让驾校的经营环境呈现出"两降一升"的明显趋势。"两降"指的是招生人数下降、招生价格下降；"一升"指的是驾校经营成本上升。《中国驾培行业发展报告》的相关内容显示：驾培行业连续多年都出现了"两降一升"的情况，相当多的驾校因此出现亏损（见表2）。

表2　近年来驾校经营状况调查

单位：%

年份	招生人数下降驾校占比	招生价格下降驾校占比	成本上升驾校占比	亏损驾校占比
2018	—	63.76	80.95	51.59
2019	51.51	56.55	80.84	40.59
2020	57.87	48.66	67.57	44.35
2021	59.15	47.82	41.73	46.51
2022	78.38	53.27	42.42	59.4
2023	70.59	59.98	63.57	54.9
2024	74.81	27.01	—	62.00

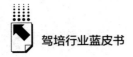

连续多年的"两降一升"现象，严重制约驾校营销工作效果。在供给严重过剩的大环境中，驾校的营销工作无论多么努力、如何创新、做得多么出色，都难以摆脱"僧多粥少"的困局，必定要遇到"瓶颈"和"天花板"。驾校应当也必须认识到，单凭做好营销工作，无法保证驾校盈利。

（三）向教学要效益是驾校盈利的必然选择

当前和今后相当长的一段时期内，驾校都要经受"供给过剩"的考验，不得不面对恶劣的经营环境，与恶性竞争长期相伴。正因如此，无论如何努力，很多驾校招生数量都始终不尽如人意。在此背景下，向教学要效益是驾校的必走之路。这绝非权宜之计，而是重构驾校盈利模型的战略选择。

从财务模型来看，驾校利润＝招生数量×招生价格－经营成本。近年来，驾培行业的"招生人数"和"招生价格"一直呈现"量价齐跌"的趋势（如表2所示），这两者深受经营环境影响，提升的可能性较小。在此前提下，科学管控"经营成本"就成为实现盈利的唯一途径。就是说，驾校应做好教学管理，通过"降本增效"，实现盈利，此所谓向教学要效益。这是切实可行的，是可以做到的。此外，做好教学管理还能够"促进营销"，因为"拿证快"可以是营销"卖点"，"培养中国好司机"是吸引学员报名重要原因，而教学质量是实现这两个目标的根基。

二　双效益教学的内涵和实施

双效益教学是指驾校以实现经济效益和社会效益为目标进行的教学活动。驾校具有企业和学校的双重属性。作为企业，驾校需保障日常运营、员工收入、依法纳税、持续发展和投资回报。为此，驾校需要实现经济效益，获取足够的利润。作为学校，驾校要为社会培养合格驾驶人。因此，驾校应当开展必要的素质教学，培养更多的"中国好司机"，从而实现社会效益。实施双效益教学是教学的最高目标，也是驾校成功的重要标志。

（一）从教学发展趋势上看，驾校需开展双效益教学

纵观驾培行业发展历史，从最初的"师傅带徒弟"到今天的"智能化教学"，从"一车多人"模式，到"一车一人"预约计时模式，从纯粹的"应试教学"到如今被广泛倡导的"素质教学"，驾校教学一直在升级进步中。从发展趋势上看，驾校教学正在和必然经历三个发展阶段，分别是人工教学阶段、双模式教学阶段和双效益教学阶段。

1. 人工教学阶段

人工教学，是指教练员使用教练车对学员进行教学的模式。此模式下，教学质量全凭教练员的个人能力，讲究的是"苦干+巧干"。

"苦干"是指教练员工作要勤奋。教练员需要投入大量的工作时间进行"体力劳动"，反复使用"讲解、示范、指导、讲评"四个教学手段进行教学。

"巧干"是指教练员的教学方法应当正确，且能根据不同学员的特点因人施教。只有如此，才能够保证学员的考试合格率。

2. 双模式教学阶段

所谓"双模式教学"是指"人工教学模式"+"智能教学模式"。当前，以"机器人教练"为代表的智能化教学设备引入驾培行业，人工教学与之融合的工作也随之开展。教学实践证明，"人工教学模式"+"智能教学模式"的双模式教学，是保证教学效果，实现经济效益的最佳选择。

3. 双效益教学阶段

随着社会和驾培行业的发展，社会对驾校的要求必然越来越高。驾校必然从"驾驶技能供应商"向"道路安全服务者"转型升级。所以，驾校不但要通过"智慧驾校"转型等改革措施提升经济效益，而且要培养更多的高素质驾驶人，推动道路交通安全和文明，从而实现社会效益。

当前，国家提出"交通强国"的战略目标，驾校的教学应该也必须与之相配套。正因如此，驾校应当以"双效益教学"为目标做建设性的工作，力求社会效益和经济效益双丰收——这是驾校立于不败之地的唯一出路。

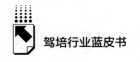

（二）从市场竞争的变化趋势上看，驾校需开展双效益教学

纵观驾培行业的发展历史，驾培市场经历了三次重大变化，分别是：市场萌芽期、饱和期和转型期。

驾校之间的"竞争焦点"随着市场变化发生了重大变化。

1. 政策红利期，"等"客上门

2004 年以前，经营驾校几乎就是"垄断经营"。那时的驾校依靠一个"等"字，即"等客上门"，就可高枕无忧地经营。彼时，驾培市场处于"萌芽期"，还是"卖方市场"，加之"全民学车热"的浪潮，依靠等客上门驾校就可赚得"盆满钵满"。

2. 市场发育期，竞争聚焦"争"和"比"

2004 年 5 月 1 日，《中华人民共和国道路交通安全法》颁布，机动车驾驶培训社会化正式实施。此时，驾培市场进入发育期，驾校的数量逐渐增多，驾培市场也从"卖方市场"转变为"买方市场"，驾校之间的竞争变得越发激烈。

这个时期，驾校经营聚焦于"争"和"比"上。所谓"争"指的是争关系、争考场、争考试名额、争经营地域。所谓"比"指的是比服务、比教学、比营销、比实力。

3. 市场饱和期，竞争聚焦"新"字上

机动车驾驶培训社会化已有 20 余年，驾校数量快速增加。随着国家"放管服"政策的推进与落实，机动车驾驶培训由行政许可改为"备案管理"，更是让驾培行业的供给能力急速增加，驾培市场进入了"市场饱和期"。

这一时期，驾校之间的"同质化竞争"较为明显。所有驾校都"差不多"，即训练场地差不多、教学车辆差不多、营销模式差不多、拿证速度差不多、服务水平差不多、员工素质差不多、口碑品牌差不多。一方面是恶劣的经营环境，另一方面是"同质化竞争"，驾校的经营风险骤增。若想生存和发展必须要依靠一个"新"字，即，新媒体、新能源、新技术、新业务、

新教学。

新媒体，指的是利用好短视频、小红书、高德地图、美团等互联网平台开展线上营销。新能源，指的是应用新能源教练车达到降低成本的目的。新技术，指的是利用机器人教练、驾驶模拟器等智能教学设备，提升培训效率。新业务，指的是积极开展无人机驾驶培训等新业务。新教学指的就是双效益教学。

驾校应当也必须认识到：双模式教学和双效益教学是发展趋势，自己应当顺应发展潮流，才能在激烈的市场竞争中立于不败之地。

三　让教学创造最佳经济效益

让教学创造最佳经济效益，就是以"提质增效、降低成本"为目标进行教学管理，促成驾校达到最佳盈利水平。在驾校经营风险骤增的当下，做好教学管理促成盈利，是驾校的必走之路。

（一）转型智慧驾校

当前，一大批"传统驾校"成功转型为"智慧驾校"，并取得了良好的效果。他们的成功经验表明，由"智能驾驶模拟器""机器人教练"和"路考仪"等智能教学设备组合使用形成的"智能教学模式"，可以有效提升培训质量、降低培训成本。

1. 智能驾驶模拟器与油耗成本

利用智能驾驶模拟器，采用"实车+模拟"相结合的教学方式，可有效降低油耗成本。调研表明，采取这种培训模式，小型汽车学员在驾驶模拟器上训练 14 小时左右，然后实车训练 10 小时即可达到全部考试水平。只采用教练车训练，每个学员需要实车训练 22 小时左右方能达到考试水平。所以，采用"智能驾驶模拟器+实车"训练模式，每个学员可节省实车训练 12 小时左右。

《中国驾培行业发展报告（2021）》相关内容表明，小型教练车科目二训练油耗为 2 升/小时。那么，每个学员可节省燃油大约 24 升，按照每升汽

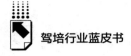

油 7.5 元计算，每个学员可节约成本 180 元左右。长此以往，驾校的培训成本将大幅降低。

案例 2　新通力驾校模拟驾驶培训效果

兰州新通力驾校于 2023 年初投入 200 多万元，购买智能驾驶模拟器 80 台用于教学。针对学员训练特点和训练考场的实际情况设计建模，在获得学员好评的同时，解决了教练员第一堂课讲解的难点重点问题，确保培训质量的提升。驾校通过应用智能驾驶模拟器教学，在减轻教练员教学培训压力的同时，提高了学员考试合格率，效果非常明显。2024 年学员单科考试合格率从 56.3% 提升至 69%，学员投诉率下降 60%。

2. "机器人教练"与人工成本

利用"机器人教练"可实现 1 名教练员"教"多台车的教学模式。当前，多个省市相继颁布政策，如，山东省交通运输厅、山东省公安厅联合下发《关于推进驾驶培训监管服务平台与考试系统联网对接工作的通知》（鲁交城市〔2020〕5 号）；河北省道路运输管理局颁布《关于推广应用人工智能机器人教练促进我省驾培行业转型升级的指导意见》（冀运管驾〔2020〕32 号）等。这些政策规定明确支持"一名教练员教多台教练车"。从已知情况来看，从 1 人教 2 台车到 1 人教 10 台车的都有。显而易见，这种模式可以节省较多的人工成本。

3. 智能化教学与安全成本

驾校教学安全事故发生具有普遍性。从整体上看，驾校无论规模大小、建校时间长短、管理是否规范，基本上都发生过不同程度的教学安全事故。为此，驾校不得不付出相应的安全成本。

采用智能化教学发生教学安全事故的概率要小得多，"机器人教练"装配了"安全防护系统"，主要包括，自动刹车防护、油门误踩防护、车辆后溜防护、车速限制防护和电子围栏防护。因此驾校在教学安全上付出的成本大为降低。

（二）新能源教练车的应用

新能源教练车的应用不但能够为驾校节约大量成本，还能够取得与燃油教练车同样的教学效率。现依据教学大纲规定的学时对新能源教练车和燃油教练车的培训成本进行比对分析。

根据《中国驾培行业发展报告（2021）》相关内容，使用新能源教练车培训一个学员，能够节约成本 428.4 元。也就是说，使用新能源教练车培训一个学员的成本仅为燃油教练车的 14% 左右。即便将研究数据的偏差考虑进去，相较于燃油教练车，新能源教练车的培训成本也至少节约 70%。

案例 3 新能源与智能化双驱动下的玖珑驾校

在驾驶培行业转型升级的浪潮中，唐山玖珑驾校以前瞻性布局完成行业革新。经过两年精心建设，该校成功打造了新能源智慧一体化驾培训练基地。目前，该校配置智能驾驶模拟器 128 台和 AI 机器人教练车 65 台实现智能化教学，同步投入 83 台新能源教练车和 13 辆新能源学员接送班车完成绿色装备升级。经过创新和改进，形成了"智能硬件+数据驱动+低碳运营"三维协同的高效模式，实现了运营效率与教学品质双提升。

该校首创"四对一"智慧驾培新模式，通过车载 AI 教练监控学员操作并进行数据反馈，再依托大数据平台分析学员行为，优化教学方案，形成完整的智能教学闭环，突破传统驾培效率瓶颈。从实际运营效果来看，新能源车辆展现出显著的成本优势。其能源成本仅为燃油车的 1/3，每辆车每年可节省费用超过 2 万元。2024 年，玖珑驾校在能源成本上节省了超过 200 万元。与此同时，智能化教学带来了教学质量的显著提升。学员考试合格率提高了 20%，培训周期缩短了 20%，招生量同比增长 15%。

玖珑驾校的成功实践，印证了"智能化教学"与"新能源教练车"融合实现降本增效的目标，为传统驾培行业突破发展瓶颈提供了创新样本。

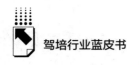

四 让教学创造社会效益

驾校的社会效益，指的是驾校对社会做出的贡献，包括"提升道路交通安全""促进就业""推动经济发展"等。其中"提升道路交通安全"应当也必须排在首位，这是驾校存在的根本意义和价值担当。

"让教学创造社会效益"，指的是驾校通过开展"素质教学"培养合格驾驶人。实现教学创造社会效益的目标，驾校需要做到以下几个方面。

（一）社会效益是驾校的核心生命力

驾校存在的根本价值，在于通过高质量教学培养"安全文明驾驶人"，从源头筑牢道路交通安全防线。这种以"素质教学"为核心的社会效益创造，不仅是企业社会责任的体现，也能通过口碑积累与品牌认同，使企业形成社会效益与经济效益的良性循环。

无数成功的企业都说明了一个事实：对社会的贡献越大，获得的回报也就越大。也就是说，企业的社会效益决定经济效益。公众对"企业社会价值"的深度认同对驾校来说也是这样。当教学不再局限于"应试拿证"，而是以"培养安全文明驾驶人"为目标。那么，驾校对教学质量的苛求、对社会责任的担当，都会转化为品牌的核心竞争力。当教学与社会价值深度融合，经济效益便会水到渠成。因此，做好教学实现社会效益，既是驾校对社会最根本的贡献，也是驾校可持续发展的必然路径。

（二）以培养"中国好司机"为目标

驾校以"培养中国好司机"为教学目标，不仅是驾校实现自身价值的关键，也是获取社会效益的必由之路。"中国好司机"指的就是"高素质的驾驶人"。具体来讲，就是具备"安全驾驶能力"和"文明驾驶素养"的驾驶人。

1. 培养中国好司机，须有"真见识"

当前，驾培行业竞争激烈，恶性竞争现象屡见不鲜，价格战打得如火如荼，众多驾校在艰难的市场环境中谋求生存。为降低运营成本，学时造假现象泛滥，"应试教学"成为主流，驾校往往难以独善其身，只能随波逐流。在这样的大背景下，对于培养"中国好司机"这一目标，许多人持怀疑态度。

古人曰："昨夜西风凋碧树，独上高楼，望尽天涯路"。其意为：越是在恶劣形势之下，就越不能被困境所迷惑，要站得高看得远，看到形势发展的主要方向，这是取得成功的基础。驾培行业目前形势的确严峻，但我们不能被其所困而感到迷茫，我们要"独上高楼"——站在行业发展和社会需求的角度看问题；也必须要"望尽天涯路"——认清驾培行业发展的方向，找到驾校发展的正确道路。如果有了这种境界，就很容易认识到，培养"中国好司机"的重要性，这是社会对驾校的要求，是驾校的强校之本，也是驾校成功的必由之路。培养中国好司机，驾校义不容辞。

2. 培养中国好司机，须教"真技术"

培养"中国好司机"，核心在于向学员传授"真技术"，涵盖"规范的驾驶技能""良好的安全意识"以及"文明的驾驶素养"，驾校应全力以赴达成这一目标。

（1）培训学员"规范的驾驶技能"。"考试技能"不等于"驾驶技能"，两者相较，有较大的区别。驾校不能将教学目标单纯设定为让学员"能考试"，而应将重点聚焦于"驾驶技能"，以"会开车"作为教学的终极追求。

驾校务必将教学大纲规定的教学内容落实到位，如充分利用驾驶模拟器开展"高速公路驾驶""雨雪雾天驾驶"等模拟教学；理论课程不可或缺，面对面为学员传授安全文明知识至关重要。在此基础上，可结合本地实际情况，开展一系列实用技能培训，如长途驾驶技巧、实车倒入操作、轮胎更换方法、手机导航使用以及驾驶盲区认知等。这些教学创新举措皆属于"真技术"范畴。

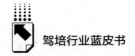

（2）培训学员"良好的安全意识"。安全意识，体现为学员对安全的认知程度与重视程度。一个缺乏安全意识的人，即便驾驶技能娴熟，也极有可能成为"马路杀手"。驾驶汽车本身蕴含较高风险，而"安全意识"则是驾校赋予学员保障自身安全的"护身符"。因此，对学员安全意识的培养是驾培工作的重中之重。驾校应引导教练员将安全意识贯穿于每一个教学环节。

毫无疑问，只有"中国好教练"才能培养"中国好司机"。教练员的安全意识、驾驶习惯和教学水平将对学员一生的安全文明驾驶产生影响。因此，把每一名教练员都培养成"中国好教练"是驾校的责任。

（3）培训学员"文明的驾驶素养"。为培育"中国好司机"，驾校要认真上好理论课，在课堂上详细讲解"安全文明驾驶常识"，绝不能敷衍了事；实操教学同样要在教学过程中，潜移默化地对学员进行安全文明驾驶意识的培养，因为教学大纲明确要求"安全文明驾驶常识"教学应与"道路驾驶"教学相互融合。

中国传统的"礼仪"文化在驾培教学中大有可为。文明驾驶强调"礼让"，孟子说："恭敬之心，礼也。"即把内心的"尊重"通过行为表达出来便是"礼"。驾车时，尊重法律法规、尊重行人、尊重非机动车以及其他交通参与者，这正是驾驶人"文明驾驶素质"的具体体现。这些富有教育意义的"礼仪"知识，应在教学中充分运用。

3.培养中国好司机，需要有"真行动"

如今，不少驾校将"培养中国好司机""让每一位学员平安出行"等理念奉为办学宗旨，这种做法值得称赞与尊重。若驾校期望实现长期稳定发展，就必须将这些承诺切实落到实处。然而，现实中并非所有驾校都能言行一致。有的驾校虽高喊"培养中国好司机"的口号，却未采取实际行动；有的驾校耗费巨资建设交通安全教育基地，却未能充分发挥其作用；有的驾校说的和做的并不一致。这不得不说是一种遗憾。

把学员培养成"中国好司机"并不容易。实现这个目标，要进行全方位的努力，需要如前所述的"真心""真见识""真作为"，但归根结底，只有"行动"才能成功。一旦确定了培养"中国好司机"的目标，驾校就应积极行动起来，全力以赴推动这一目标的达成。

（三）积极开展素质教学

"应试教学"就是以学员"考试合格"为中心，教授"考试技巧"。"素质教学"就是以培养"合格驾驶人"为目标，教授"驾驶技术"。驾校若要创造"社会效益"就应该坚持"素质教学"，以培养"高素质驾驶人"为教学目标。

1. 按照教学大纲进行教学

《机动车驾驶员培训管理规定》第二十一条，规定机动车驾驶培训教练员应当按照统一的教学大纲规范施教。因此，教练员应当熟悉教学大纲的内容和教学要求，按教学大纲规定进行教学。

（1）教好教科书——《安全驾驶从这里开始》。《安全驾驶从这里开始》这本书是交通运输部依据教学大纲组织编写的机动车驾驶员培训教科书。让每一名学员都具备《安全驾驶从这里开始》所倡导的安全驾驶理念，驾校义不容辞、责无旁贷。所以，作为驾校不但要"教车"——进行实车教学，还必须要"教书"——将《安全驾驶从这里开始》这本书的内容教授给每一名学员。试问，驾校如果不能同时"教车"和"教书"，如何称得上"优秀"呢？

（2）按照教学大纲规定的学时教学。教学规律表明，教学时间与教学质量存在必然联系。各类技能学习都有明确的学时要求。机动车驾驶人的素质关系人们的生命财产安全和交通秩序，因此，对机动车驾驶的学习时长进行规定是必要的。

教学大纲根据不同驾驶车型的培训规定了不同的学习时长。《机动车驾驶证申领和使用规定》要求：小型汽车科目二考试要在科目一考试合格 10 天以后才能预约。之所以这样规定，实际上是为了保证学员的训练时间，以保障学习质量。按照教学大纲规定的学习时间进行教学，是驾校的责任，是培养学员安全文明驾驶素质的重要保证。

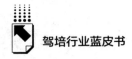

保证学员的训练学时，就要正确认识和理解教学大纲。有人认为，有些年轻学员用不了规定学时就能学会。这样的理解是存在误区的。教学大纲围绕"素质教学"进行设计，也就是说，教学大纲追求的教学目的是学员"能开车"，并非单纯的"能考试"。有些年轻学员虽然用不了教学大纲规定的学时就能学会，但所谓的学会是指学员掌握了考试技能，但并不意味着掌握了驾驶技能。因此，尽管学员的操作技能达到了考试标准，但仍然需要训练，直到完成教学大纲规定的学时。年龄大，接受能力差的学员，如果完成教学大纲规定学时还不能达到考核要求，就应该增加训练时间。

（3）按教学大纲规定的内容教学。教学大纲第四部分专门规定了关于"安全文明驾驶"的教学内容。教授这些内容是培养学员安全文明驾驶意识的关键，驾校应充分认识和理解这部分教学内容的重要性，踏踏实实进行教学。

①上好理论课。教学大纲允许学员使用远程网络学习理论课程，但也规定了线下的理论课堂教学不得低于6小时。这是因为，课堂教学的效果是网络教学无法替代的。课堂理论教学对于学员安全文明驾驶理念的形成起着关键作用。这样设置体现了教学大纲以安全驾驶为纲的理念。不进行面对面地教授，不上好理论课，就难以取得良好的教学效果。

②做好驾驶模拟驾驶教学。教学大纲规定了很多"特殊"教学项目，如"高速公路驾驶""雨、雪、雾天驾驶""山区道路驾驶"等。这些在生活中常用的驾驶技能很难利用教练车教学，所以教学大纲规定，这些教学内容要通过驾驶模拟器进行教学。

③教好非考试内容。教学大纲是以素质教学为主导进行编写，其内容包含"考试项目"和"非考试项目"两大类。非考试项目虽然不考，但十分重要，如"高速公路驾驶""恶劣条件下驾驶""模拟城市驾驶"等教学项目。

由于只需训练考试项目，学员就能够达到考试标准。因此，很多驾校选择了以学员通过考试为目的的"应试教学"。虽然学员能够考取驾驶证，但只具备考试能力。如果以培养"驾驶素质"为教学目标，就要对学员进行安全文明驾驶教学，不但要教授学员考试项目，对教学大纲规定的非考试项目也要认真教授。

2. 培养学员安全驾驶意识

所谓安全驾驶意识，就是对安全的认知和重视。"足够的安全驾驶意识"配合"规范的驾驶技能"才能确保安全行车。对学员进行安全意识的培养，驾校责无旁贷、义不容辞。

（1）培养学员"驾驶责任"意识。有人说，教练员要教会学员开车，更要教会学员"负责任地开车"。此话值得驾校深思。为培养学员的驾驶责任意识，驾校需认真做好下列工作。

①端正学员的学车态度。学员的学车动机存在差异。有人学开车为了今后做职业驾驶员；有人学开车是为了方便生活和工作；有人学开车也许并非自愿；有的人是为了学到"真技术"，他们训练认真刻苦；而有些人仅为考取驾驶证，所以训练很随意。

因此，教学应从端正学员学习态度开始。教练员应严肃告知学员两句话。第一句：人生有许多学习，只有这次学习关系生命安全。第二句：考取驾驶证不是目的，学到可以一生平安的驾驶方法才是目的。端正学员学车态度，是培养"中国好司机"的前提，教练员应高度重视。

②培养学员的"驾驶责任"。毫无疑问，只有让学员明白"开车的责任"才能"负责任地开车"。因此，驾校要向学员讲述"三个负责"：对自己负责、对他人负责、对社会负责。

"对自己负责"是指安全驾驶能够保证自身安全，也是对家人负责，是家庭幸福的前提。

"对他人负责"是指对其他交通参与者负责。安全驾驶就是对其他交通参与者的安全保障。

"对社会负责"是指驾驶机动车行驶在道路上，成为安全文明驾驶之歌中的一个和谐"音符"，让安全文明之歌更动听。

（2）培养学员"安全警惕意识"。驾驶机动车具有较高的风险性。在复杂的交通环境中，往往隐藏着各种交通风险。由于学员缺乏驾驶经验，无法预先辨识各种危险情况并采取应对措施，"安全警惕意识"较弱，造成安全事故的可能性较大。因此，教练员要向学员讲授各种交通风险的辨识和预防方法，可采用下列教学手段培养学员的"安全警惕意识"。

①课堂多媒体教学。教学大纲第四部分规定了对学员进行危险源辨识知识的教学。教授这些教学内容需要采取课堂多媒体教学。

②驾驶模拟器教学。教学大纲第三部分规定，要对学员进行高速公路驾驶、夜间驾驶、山区道路驾驶、恶劣条件下驾驶培训。这部分教学需要使用驾驶模拟器进行，通过训练，可习得在这些交通场景中的危险源辨识与预防措施。

③实车教学。实车教学不能只进行操控汽车的训练，更要注意培养学员的安全警惕意识。比如说，关于系安全带的教学，教练员们都会反复强调"不系安全带，考试会不及格"。仅仅这样教学，就只是完成了"应试教学"。学员会担心考试不及格而重视系安全带，但是对安全带的作用无法深刻理解，而驾校的教学目的绝非如此。为了增强学员的安全意识，让学员正确认识安全带的作用，可采取多种方法进行教学。如，视频警示法、案例警示法等。

（3）培养学员"遵纪守法意识"。学员学习期间是培养其"安全守法意识"的最佳时机。驾校既要上好理论课，为学员养成"遵纪守法意识"习惯打基础，又要在道路驾驶训练中把握时机，不断强化学员的"遵纪守法意识"。

①理论教学是培养学员"遵纪守法意识"的必要手段。教学大纲第一部分内容是"道路交通安全法律、法规和相关规定"。教学目标要求学员要掌握《中华人民共和国道路交通安全法》及实施条例、《机动车驾驶证申领和使用规定》等法律法规中与交通安全相关的规定。达到这个教学目标，绝不能以"背题库、模拟考试"的形式为主进行，也不能依靠学员利用互联网进行自学。教学大纲规定，针对本部分教学内容要对学员进行不低于4个小时的课堂教学。因此，教练员要按照教学大纲要求，参照《安全驾驶

从这里开始》这本教材，对学员进行面对面授课。

②道路驾驶训练是培养学员"遵纪守法意识"的好时机。学员理论考试合格，说明他们对道路交通安全相关法律法规有了一定的认知，并不能说明他们已经具备了"遵纪守法意识"。在进行道路驾驶训练时，学员们将真正面对各种道路交通标志标线、交通信号、道路通行规则和各种交通环境。训练中，教练员要抓住机会向学员讲述遵纪守法的重要性。而且，教学大纲也明确要求将"安全文明驾驶常识"教学与"道路驾驶"教学相融合。因此，道路驾驶更是培养学员"遵纪守法意识"的重要课堂。

3. 培养学员文明驾驶意识

文明驾驶是指在驾驶机动车时，对其他交通参与者的尊重和礼让行为。肩负育人之职的教练员，应对学员进行文明驾驶教学，要把文明驾驶理念贯穿整个教学过程。

培养学员文明驾驶素养，就是要围绕文明驾驶的两个特点进行教学：一是"宽以待人"，培养学员礼让的习惯；二是"严于律己"，培养学员自律的驾驶习惯。

（1）培养学员礼让驾驶习惯。礼让驾驶是文明驾驶的核心，培养学员文明驾驶素养首先就要让学员养成礼让驾驶的习惯。教练员可将中国传统礼仪内涵与文明驾驶结合在一起为学员讲述。

①向学员讲述"礼"与交通安全的联系。《礼记》有载："人有礼则安，无礼则危"。现实中，由于驾驶人互不礼让，造成的交通事故或交通秩序混乱数不胜数，驾校可找到很多案例进行讲述。对"人有礼则安，无礼则危"这句话进行论述，目的就是让学员深刻认识这句话的含义，明确"礼"与交通安全的相关性。

为引起学员对"礼让"的足够重视，可将机动车驾驶人考试评判标准中关于违反"礼让"规定的扣分项目向学员讲述。如，在科目三考试中，如果"不主动避让优先通行的车辆、行人、非机动车"将被判罚操作不合格。还可以向学员讲述驾驶机动车违反"礼让"规定要受到驾驶证扣分处罚。如，不礼让行人扣3分、不按规定让行扣3分、加塞扣2分。

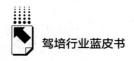

③让学员明白"礼让"就是相互尊重。中国传统礼仪当应用于安全文明驾驶教学。孟子说:"恭敬之心,礼也。"就是"礼让"体现"尊重",驾车时如果尊重法律法规、尊重行人、尊重非机动车、尊重其他交通参与者就是彰显了驾驶人的文明驾驶素质。

古人云:"入国不驰,入里必式。"意思是驾车进入都城后,要减缓车速;驾车回到故乡,看到乡里乡亲,要行礼致意。在现代交通文明中,开车不要横冲直撞,到了人多的地方要慢行,遵循的正是尊重他人的道理。如此具有教育意义的礼仪知识,教练员要学会在教学中进行运用。学员明白"尊重他人就是尊重自己"这个道理,才能做到心甘情愿"礼让"。教练员要向学员讲授礼让的五类对象:礼让行人、礼让非机动车、礼让机动车、礼让特殊车辆、礼让不文明交通者。

(2)培养学员自律驾驶的习惯。培养学员文明驾驶素养,还需要培养学员自律驾驶习惯。如果说礼让驾驶体现了"宽以待人"的理念,那么自律驾驶就要做到"严于律己"。以下自律驾驶行为,教练员应当对学员进行讲述。

◎自觉遵守法律法规、服从交警指挥。

◎文明使用远光灯、喇叭;文明会车、超车。

◎不随便改道、抢道、堵道、加塞。

◎不往车外抛物、吐痰。

4. 安全文明驾驶教学的时机和方式

进行安全文明驾驶教学,需要注意讲授的时机。训练初期,学员学习兴致高涨,此时讲定会让学员产生深刻印象。训练时,可利用"碎片时间"进行讲述,如出车前的讲解、训练中的休息和训练后的总结。学员考试合格后,驾校更要为他们上好"最后一节课"。

进行安全文明驾驶教学,需要注意讲授的方式。讲授可采取多媒体教学形式,可在道路驾驶训练时讲授,可在课间休息时以聊天的方式进行,也可在道路交通安全教育警示基地进行。无论如何一定要生动,因为只有生动的讲授才能让学员接受并印象深刻;只有生动的讲解才能加强他们的"驾驶责任意识"。

结　语

面对行业供给过剩与竞争加剧的现实困境，驾校正站在转型升级的十字路口。唯有以"向教学要效益，重构盈利新模型"为战略支点，才能真正撬动驾校发展的新动能。这不仅是应对当前招生困境的破局之策，也是重塑行业生态，构建核心竞争力的长远布局。

当经济效益与社会责任形成共振，驾校才能在市场洗牌中淬炼出不可替代的价值。这条向教学要效益的变革之路，注定是荆棘与机遇并存的选择，但唯有穿越这场阵痛，方能迎来更具生命力的发展新阶段。驾培行业的未来属于那些既能将教学创新转化为可持续竞争力，又能将教学创新转化为强化学员安全意识的先行者。这既是行业的必然选择，更是时代赋予的转型命题。

本文作者为冯晓乐。冯晓乐，中国交通运输协会驾驶培训分会专家组组长。

后　记

　　2025 年，中国驾培行业迈入了深度转型的关键阶段。伴随市场从高速增长转向存量竞争，行业发展逻辑正从"规模扩张"向"价值深耕"全面切换。本书系统梳理了过去一年驾培领域的变革轨迹与核心突破，以"长期主义、持续升级、创新发展"为主线，从市场格局演变、政策法规实施、技术融合创新及行业运营管理等维度展开深度剖析。作为行业科技创新的重要参与者，木仓科技的实践始终基于对行业痛点的深刻洞察，为转型进程尽己所能提供具象化的参考路径和技术支持。

一　破解旧模式，构建新生态

　　本书明确指出，驾培行业正经历宏观经济调整、行业转型与需求升级的"三周期叠加"挑战。党的二十大报告强调"以新安全格局保障新发展格局"，进一步凸显了驾培行业作为道路交通安全基础性行业的战略价值。当前行业从成长期向成熟期过渡的特征显著：市场需求总量持续收缩倒逼竞争模式转向精细化运营；以"00 后"为主体的学员群体推动服务标准向个性化、科技化升级；政策法规完善与监管强化加速低效"产能"出清。在此背景下，行业破局需聚焦两大维度：一是向内整合资源，通过区域市场集约化减少内耗，形成良性竞争格局；二是向外拓展生态边界，抓住低空经济等国家政策倾斜机遇，推动无人机驾驶培训与机动车驾驶培训的场景融合和资源共享。

二　技术赋能与生态共建

作为行业技术创新的先行者，木仓科技深刻意识到"技术赋能、精细运营、生态协同"的重要性。在业务实践中，以技术为纽带贯通政策导向、市场需求与企业能力，通过智能硬件研发、管理系统升级持续为行业注入动能，推动行业从"被动适应"转向"主动引领"。

传统驾培长期受制于人工教学的效率瓶颈与标准化缺失。针对这一痛点，木仓科技推出的智能驾驶模拟器、AI教练、智慧驾校PaaS系统产品矩阵，形成了系统性解决方案。其中，智能驾驶模拟器依托高精度仿真技术，构建复杂路况与极端天气场景，帮助学员在安全环境中积累应急处置经验，既显著降低了实车训练风险，又提升了教学资源周转效率；AI教练通过多传感器融合与实时反馈机制，精准识别学员操作偏差，借助语音提示与动态修正建议实现技能快速习得；智慧驾校PaaS系统则破解驾校运营中的资源分散与数据孤岛问题，通过招生、教学、考核全流程数字化管理，赋能驾校实现数据驱动的精准决策。这些实践印证了数字化不仅是技术工具的应用，也是组织模式与业务流程的深层重构。

三　协同创新与深度融合

随着低空经济上升为国家战略性新兴产业，无人机驾驶培训需求呈现爆发式增长。木仓科技旗下驾考宝典平台突破传统业务边界，新增无人机驾驶考试题库，深度参与低空经济生态建设。同时，驾考宝典通过深度整合DeepSeek大模型技术，实现个性化学习路径规划、智能学情分析与服务创新融合，显著提升用户备考效率与知识内化效果。

四　以共生态度迎接行业新生

2025年的中国驾培行业，既在经历转型阵痛，更能孕育蜕变希望。在推动行业协同发展的进程中，木仓科技始终秉持开放共赢理念，与行业协会、驾校建立深度联动机制，通过多元沟通对话凝聚行业共识。实践证明，

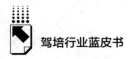

科技创新绝非孤立的技术迭代，而是需要政策支撑、生态协作与从业者能力跃升的系统工程。

在此，谨向交通运输部、行业协会及全国驾培同仁致以诚挚的谢意，同时感谢与木仓科技并肩为行业做出创新贡献的相关企业，希望勠力同心，以技术之力重塑行业高质量发展基因。未来已至，让我们以长期主义的战略定力、持续升级的运营韧性、创新突破的变革勇气，共同谱写中国驾培行业的新篇章！

木仓科技智慧驾培和道路交通安全研究院

2025 年 5 月 9 日

权威报告・连续出版・独家资源

皮书数据库
ANNUAL REPORT(YEARBOOK)
DATABASE

分析解读当下中国发展变迁的高端智库平台

所获荣誉

- 2022年，入选技术赋能"新闻+"推荐案例
- 2020年，入选全国新闻出版深度融合发展创新案例
- 2019年，入选国家新闻出版署数字出版精品遴选推荐计划
- 2016年，入选"十三五"国家重点电子出版物出版规划骨干工程
- 2013年，荣获"中国出版政府奖・网络出版物奖"提名奖

皮书数据库

"社科数托邦"
微信公众号

成为用户

登录网址www.pishu.com.cn访问皮书数据库网站或下载皮书数据库APP，通过手机号码验证或邮箱验证即可成为皮书数据库用户。

用户福利

- 已注册用户购书后可免费获赠100元皮书数据库充值卡。刮开充值卡涂层获取充值密码，登录并进入"会员中心"—"在线充值"—"充值卡充值"，充值成功即可购买和查看数据库内容。
- 用户福利最终解释权归社会科学文献出版社所有。

数据库服务热线：010-59367265
数据库服务QQ：2475522410
数据库服务邮箱：database@ssap.cn
图书销售热线：010-59367070/7028
图书服务QQ：1265056568
图书服务邮箱：duzhe@ssap.cn

社会科学文献出版社 皮书系列
SOCIAL SCIENCES ACADEMIC PRESS (CHINA)
卡号：382672353537
密码：

S 基本子库
SUB DATABASE

中国社会发展数据库（下设 12 个专题子库）

紧扣人口、政治、外交、法律、教育、医疗卫生、资源环境等 12 个社会发展领域的前沿和热点，全面整合专业著作、智库报告、学术资讯、调研数据等类型资源，帮助用户追踪中国社会发展动态、研究社会发展战略与政策、了解社会热点问题、分析社会发展趋势。

中国经济发展数据库（下设 12 专题子库）

内容涵盖宏观经济、产业经济、工业经济、农业经济、财政金融、房地产经济、城市经济、商业贸易等 12 个重点经济领域，为把握经济运行态势、洞察经济发展规律、研判经济发展趋势、进行经济调控决策提供参考和依据。

中国行业发展数据库（下设 17 个专题子库）

以中国国民经济行业分类为依据，覆盖金融业、旅游业、交通运输业、能源矿产业、制造业等 100 多个行业，跟踪分析国民经济相关行业市场运行状况和政策导向，汇集行业发展前沿资讯，为投资、从业及各种经济决策提供理论支撑和实践指导。

中国区域发展数据库（下设 4 个专题子库）

对中国特定区域内的经济、社会、文化等领域现状与发展情况进行深度分析和预测，涉及省级行政区、城市群、城市、农村等不同维度，研究层级至县及县以下行政区，为学者研究地方经济社会宏观态势、经验模式、发展案例提供支撑，为地方政府决策提供参考。

中国文化传媒数据库（下设 18 个专题子库）

内容覆盖文化产业、新闻传播、电影娱乐、文学艺术、群众文化、图书情报等 18 个重点研究领域，聚焦文化传媒领域发展前沿、热点话题、行业实践，服务用户的教学科研、文化投资、企业规划等需要。

世界经济与国际关系数据库（下设 6 个专题子库）

整合世界经济、国际政治、世界文化与科技、全球性问题、国际组织与国际法、区域研究 6 大领域研究成果，对世界经济形势、国际形势进行连续性深度分析，对年度热点问题进行专题解读，为研判全球发展趋势提供事实和数据支持。

法律声明

　　"皮书系列"（含蓝皮书、绿皮书、黄皮书）之品牌由社会科学文献出版社最早使用并持续至今，现已被中国图书行业所熟知。"皮书系列"的相关商标已在国家商标管理部门商标局注册，包括但不限于 LOGO（▨）、皮书、Pishu、经济蓝皮书、社会蓝皮书等。"皮书系列"图书的注册商标专用权及封面设计、版式设计的著作权均为社会科学文献出版社所有。未经社会科学文献出版社书面授权许可，任何使用与"皮书系列"图书注册商标、封面设计、版式设计相同或者近似的文字、图形或其组合的行为均系侵权行为。

　　经作者授权，本书的专有出版权及信息网络传播权等为社会科学文献出版社享有。未经社会科学文献出版社书面授权许可，任何就本书内容的复制、发行或以数字形式进行网络传播的行为均系侵权行为。

　　社会科学文献出版社将通过法律途径追究上述侵权行为的法律责任，维护自身合法权益。

　　欢迎社会各界人士对侵犯社会科学文献出版社上述权利的侵权行为进行举报。电话：010-59367121，电子邮箱：fawubu@ssap.cn。

社会科学文献出版社